CELEBRANDO OS SOLSTÍCIOS

Honrando os Ritmos Sazonais da Terra
através dos Festivais e Cerimônias

Richard Heinberg

CELEBRANDO OS SOLSTÍCIOS

Honrando os Ritmos Sazonais da Terra através dos Festivais e Cerimônias

Tradução:
Ligia Capobianco

MADRAS

© 1993 by Richard Heinberg. Publicado originalmente em inglês sob o título "Celebrate the solstice". Esta edição foi publicada por acordo com a Theosophical Publishing House, 306 West Geneva Road. Wheaton IL. 60187, EUA. Nenhuma parte deste livro pode ser reproduzida sem permissão por escrito da Theosophical Publishing House, exceto citações em artigos críticos ou revisões.
© 2002, Madras Editora Ltda.

Editor:
Wagner Veneziani Costa

Produção e Capa:
Equipe Técnica Madras

Ilustração da Capa:
Equipe Técnica Madras

Tradução:
Ligia Capobianco

Revisão:
Adriane Gozzo
Rita Sorrocha
Neuza Aparecida Rosa Alves

ISBN 85-7374-593-2

Proibida a reprodução total ou parcial desta obra, de qualquer forma ou por qualquer meio eletrônico, mecânico, inclusive por meio de processos xerográficos, sem permissão expressa do editor (Lei nº 9.610, de 19.02.98).

Todos os direitos desta edição, para a língua portuguesa, reservados pela

MADRAS EDITORA LTDA.
Rua Paulo Gonçalves, 88 — Santana
02403-020 — São Paulo — SP
Caixa Postal 12299 — CEP 02013-970 — SP
Tel.: (0_ _11) 6959.1127 — Fax: (0_ _11) 6959.3090
www.madras.com.br

A Grinalda do Solstício

Notícias horríveis chegaram a mim de que algumas coisas no mundo estão instáveis: as corujas não mais assombram os campos de pinheiros enfileirados; na verdade, todas as almas estão perdidas, e os seres enfraquecem como a visão de um idoso.

A luz vital, o fio que cinge os mundos visíveis e invisíveis, perdeu-se. Em minha vida, não espero ver a expansão do tempo da primavera nestas nozes secas, que são os espíritos humanos. O que fazer?

Este é o solstício de inverno de uma era, e o pior da estação ainda está por vir.

O que é delicado e verdadeiro foi negligenciado.

A única resposta que parece convir é a pura e dirigida raiva.

Hoje, faço uma grinalda de ossos, de pinheiros e de filamentos de salgueiro, trançados em azevinho sagrado e perfumados com incenso de cedro de uma árvore antiga.

Enquanto teço, olho atentamente uma estrela e lanço o encanto: "Que este círculo se eleve como portal do inverno, passagem segura para os dias de luzes intensas".

E então sussurro nomes nos ramos perfumados, entrelaçando amor como fita escarlate pelas palmas.

Por muito tempo tranço sonhando com amigos e parentes, cada grande alma clamando pelo Sol.

Por último penso: "Minha vida aqui não acabou". E uma estrela cintila lá longe...

Sandra Michaelson Brown

É difícil ser religioso e impossível ser alegre em todos os momentos da vida, e os festivais são cumes iluminados demonstrando a eterna radiância acima dos vales sombrios.

Clement A. Miles

Ritos... e a mitologia que o suporta constitui um segundo útero, a matriz da gestação pós-natal do placentário *Homo Sapiens*.

Joseph Campbell

Celebrar um festival significa: viver intensamente uma ocasião especial e de uma maneira incomum a aceitação universal do mundo como um todo.

Josef Pieper

Retornando à própria terra como base de nossos festivais, incluímos todas as manifestações da existência onde vivemos.

Dolores LaChapelle

Índice

Agradecimentos 11
Prefácio 13

Parte 1 — Ritmos da Terra

Capítulo 1 — O Poder dos Festivais 19
Capítulo 2 — O Que é um Solstício? 25
    Equinócio e Outros Dias Consagrados 27
    Precessão dos Equinócios 29

Parte 2 — A Tradição do Solstício

Capítulo 3 — Os Primeiros Festivais de Solstício 33
    A Europa Paleolítica e Neolítica 36
    A Visão do Interior da Terra 38
    Anéis de Pedra 43
Capítulo 4 — Festividades para o Sol e a Terra no Oriente Médio Antigo 47
    Mesopotâmia 51
    Cananeus e Hebreus 54
Capítulo 5 — Ritos de Solstícios nas Américas 57
    Construções de Terra 58
    Círculos nas Planícies 59

    As Luzes dos Solstícios na Antiga Califórnia 62
    Os Sacerdotes Solares do Sudoeste 64
    Templos Astronômicos do México 69
    Os Observadores do Céu Maias e Astecas 72
    Rituais Solares na América do Sul 76
Capítulo 6 — Festivais do Céu e da Terra no Extremo Oriente,
na Índia e na Polinésia 81
    O Crisântemo Nascente do Sol: Japão 85
    Solstícios na Índia Védica 86
    O Templo do Solstício no Sudeste da Ásia 87
    Celebrações do Céu e da Terra na Polinésia 88
Capítulo 7 — Mitos e Rituais de Renovação do Mundo 91
    O Ritual de Renovação do Mundo na África do Sul 91
    O Ramo de Ouro 94
    A Morte e a Ressurreição do Deus 95
    O Ano-Novo 98
Capítulo 8 — Os Solstícios na Europa 103
    Sobrevivência dos Festivais Antigos nos Costumes Cristãos 105
    A Árvore Sagrada 107
    O Solstício Xamanista 109
    O Solstício de Verão 111
    As Flores do Solstício de Verão 112
    As Fogueiras do Solstício de Verão 115
    A Noiva do Solstício de Verão 117
    Enterro do Carnaval: os Funerais de Escárnio do Solstício de
    Verão 119
Capítulo 9 — O Significado dos Solstícios 121
    Renovação do Mundo 122
    Deixe o Passado Partir; Saúde o Novo 124
    Os Solstícios da História 125
    Reconhecimento das Fontes de Ordem e Luz 126
    Crianças, Jogos e os Solstícios 127
    Sexualidade e Festivais Sazonais 129
    Solstícios como Celebração do Divino Masculino e Feminino 131
    Restabelecimento Cultural 133

Parte 3 — Festivais para o Nosso Tempo

Capítulo 10 — Celebrando o Solstício 137
    Visitando um Lugar Sagrado 137
    Conectando-se Profundamente com a Terra Onde Você Vive 140
    Observe um Animal Selvagem 141
    Torne-se um Ativista Ecológico; Envolva-se! 142

Plante uma Árvore 143
Economize Energia 144
Observe o Nascer e o Pôr-do-Sol 145
Capítulo 11 — Crie Seu Próprio Festival de Solstício 147
Descubra Seu Ciclo 148
Jogos Divertidos 150
Dançando e Cantando 151
Realize uma Cerimônia 152
Cerimônias com Doações 154
A Reunião de Todos os Seres 156
O Solstício de Junho — O Festival do Divino Feminino 158

Bibliografia 161

Nota do Tradutor.:

Ao ler a obra, tenha em mente que, quando o autor se refere aos solstícios de verão ou inverno, se baseia no lugar em que mora, ou seja, no hemisfério norte. Lembre-se de que quando é solstício de verão no hemisfério norte é solstício de inverno no hemisfério sul e vice-versa.

Agradecimentos

As ilustrações da página 114 são de Janet Barocco; todas as demais, do autor.
O autor agradece a Sandra Michaelson Brown pela permissão de publicar seu poema "A Grinalda do Solstício".

Prefácio

O solstício de verão marca o ponto de mudança de direção da jornada anual do Sol pelo horizonte. Exatamente quando o Sol permanece mais tempo no céu, ele gira e começa sua jornada em direção ao inverno. Para os antigos chineses, o solstício de verão era um tempo em que a energia terrena *Yin* (feminina) nascia e começava a crescer, enquanto a energia solar *Yang* (masculina) começava a diminuir. O equilíbrio era considerado tão delicado que todos tomavam cuidado para evitar qualquer ação que pudesse perturbar este momento crucial. Ninguém viajava no solstício de verão.

O pensamento científico moderno diz que não podemos influenciar o Sol. No entanto, o Sol não é só um objeto no céu. As mudanças nas relações de afinidade entre o Sol e a Terra são a fundação de toda a vida, e estamos perturbando esta relação precária.

"O Sol está ficando escuro", disse o índio norte-americano da tribo Hopi chamado Loloma, "cada dia tem menos luz". Alguns anos atrás, ele foi convidado para participar de um evento sobre os índios em uma universidade norte-americana, onde muitos fizeram discursos sobre os problemas indígenas e o futuro da América do Norte, mas Loloma achou que estavam ignorando o verdadeiro problema. "Levantei-me e tudo o que tive a dizer foram quatro palavras: Aqui não há Sol! Depois disso, sentei-me", recordou-se o índio com um sorriso. Primeiro, todos ficaram em silêncio, mas depois aplaudiram. O aumento da poluição do ar está impedindo a entrada da luz do Sol no planeta e prejudicando o crescimento das plantas, além de que, eventualmente, a diminuição da temperatura pode ainda causar outra era do gelo.

Entretanto, por outro lado, temos problemas causados pelos raios ultravioleta, que não são filtrados pela camada de ozônio da estratosfera, que normalmente protege a Terra. Elementos químicos como clorofluorcarbonetos de ar-condicionado, extintores de incêndio e outros produtos industriais estão destruindo a camada de ozônio. O aumento dos raios ultravioleta está levando ao acréscimo do número de casos de câncer de pele, catarata e doenças em plantas. Não sabemos o que mais pode acontecer, pois esta invisível camada protetora de ozônio é o que permite o florescimento da vida na Terra.

Há anos nossa cultura européia-ocidental tem depreciado os nativos supersticiosos que celebram os solstícios e equinócios a fim de equilibrar seu relacionamento com o Sol para que a vida possa continuar. Agora sabemos como este equilíbrio é delicado e também que os seres humanos têm sua função no contexto da ligação Terra e Sol.

Agora que começamos a entender os danos que podemos provocar se continuarmos a ignorar a influência humana sobre o equilíbrio Terra/Sol, precisamos encontrar um modo de restaurar um relacionamento saudável com estes grandes poderes. Desde as mais antigas culturas humanas, o modo de religação era por meio da celebração dos solstícios e equinócios. A celebração também contribuía para equilibrar a comunidade. Uma comunidade humana harmoniosa não precisa consumir produtos para preencher o vazio psíquico provocado pela falta de uma verdadeira comunidade. O livro *Celebrando os Solstícios* mostra como diferentes culturas mundiais celebram estas datas.

Dançando, voltamo-nos para dentro de nossa própria natureza, de forma que o estreito ego humano e suas insaciáveis necessidades mantêm-se sob controle. Richard Heinberg conta-nos a importância de dançar nas celebrações de solstício, e eu também gostaria de adicionar minha experiência. Em uma certa comemoração de solstício, nosso grupo decidiu dançar a noite toda ao som dos tambores, parando ao amanhecer, não ao nascer do Sol, pois olhar diretamente para o Sol pode levar à cegueira. Entretanto, ao amanhecer, pequenas nuvens rosadas começaram a mover-se vagarosamente sobre o topo da montanha. Espontaneamente, todos se voltaram para aquela direção e continuaram dançando no mesmo lugar. Ninguém parou, e os tambores, chocalhos e movimentos aumentaram. Assim que o Sol surgiu na orla da montanha, todos pararam. No mesmo momento, não se ouviu mais nenhum som. Todo o grupo estava sincronizado ao ponto de agir espontaneamente ao mesmo tempo. As emoções resultantes foram de alegria e gratidão por nos ter sido dada oportunidade de agirmos juntos com o Sol nascente, as nuvens e as montanhas. Portanto, tivemos nossa "parcela de abundância de vida super-humana... o fruto do festival pelo qual ele é celebrado", segundo palavras do especialista austríaco em rituais, Josef Pieper. Ele continua: "Quando um festival segue como deveria, recebemos alguma coisa que não é do âmbito do poder humano ... o dom que simboliza os frutos do festival: renovação, transformação, renascimento".

Richard Heinberg pergunta: "Pode existir uma relação entre nossa ignorância sobre os festivais sazonais e a perda de ligação uns com os outros e com a Terra?" É essencial começarmos a compreender, como fazem os índios, a ecologia psicológica subjacente à física. *Celebrando os Solstícios* fornece a introdução necessária.

Heinberg mostra a importância de celebrar os solstícios onde você vive em vez de comprar "uma passagem de avião para Londres e então esperar um ônibus para Stonehenge". Além disso, inspira-nos a passar o solstício em nosso próprio lar "economizando gasolina, eletricidade e papel". Acima de tudo, o mais importante, como nos mostrou Heinberg durante a festividade de celebração do solstício de verão, é sentir a experiência sem igual em nossa cultura de não se opor nem de tentar estar em comunhão com a natureza, mas sim encontrarmos a natureza em nós mesmos.

Como a natureza interna é parte do mesmo padrão da externa, para começar o retorno da Terra devastada para o da honrada, o primeiro passo é permitir que nossos padrões internos realinhem-se com os grandes seres, o Sol e a atmosfera, os quais oferecem a vida aqui na Terra. *Celebrando os Solstícios* mostra-nos como começar.

Dolores LaChapelle
Caminho do Centro da Montanha

Parte 1

Ritmos da Terra

Oh! Que catástrofe! Que corrupção do amor transformá-lo em um sentimento pessoal, meramente pessoal, apartado do nascer e do pôr-do-sol e afastado da mágica ligação com o Solstício e o Equinócio! Este é o problema conosco: nossas raízes sangram por termos nos distanciado da terra, do Sol e das estrelas, e o amor é um sorriso irônico. Por quê?

Inocente florescência, a colhemos das raízes da árvore da vida esperando que continue florescendo em nosso civilizado vaso sobre a mesa.

D. H. Lawrence

CAPÍTULO 1

O Poder dos Festivais

Bem cedo, em uma manhã de inverno do ano em que podemos chamar de 976, na direção nordeste do que agora conhecemos como Vale de São Fernando, Califórnia, um xamã, *Chumash*, prepara-se para o momento mais importante da estação. Ele passou os últimos três dias em jejum, dançando e orando. Durante a noite, tomou a erva datura, que é perigosa e sagrada, e sua mente agitou-se com visões terríveis. Mais uma vez, como fazia todos os anos nesta mesma época, desde que recebeu a iniciação de um velho xamã, ele, deliberadamente, cruzava as fronteiras deste mundo para os reinos mágicos de deuses e espíritos. Sabia que, naquela noite, naquela manhã, deveria posicionar-se entre os mundos comum e sobrenatural a fim de realizar sua missão de manter o equilíbrio e a saúde da Terra, do céu e de seu povo.

Assim que no horizonte se vislumbrou-se a tênue alusão à luz da manhã, o xamã entrou em uma caverna não muito profunda. Dentro dela, contemplou hieróglifos sagrados, cujos significados somente ele e seu mestre entendiam. A alvorada vinha vindo, e o xamã assistiu, em postura religiosa, quando um raio de Sol aproximou-se e dividiu em duas partes uma série de círculos concêntricos desenhados na parede da caverna. Somente na manhã do dia mais curto do ano ocorre este espetáculo. É o sinal de que o Sol alcançou o seu extremo, seu limite; é a fronteira da ordem cósmica revelando o formato do mundo e as coisas dos humanos. Agora, se as preces foram atendidas, os dias serão mais longos e a luz retornará.

Mais tarde, no mesmo dia, o xamã guiaria seu povo em cerimônia e celebração. Começou o ano novo! O Sol renasceu, e o mundo foi fertilizado.

▼ ▼ ▼

É noite de verão no século XVII em Cornwall. O horizonte está iluminado com as fogueiras acesas. Um jovem casal dança com seus familiares e amigos ao redor de uma fogueira de palha e galhos. Risos e cantos ecoam no ar. Cada casal, de mãos dadas, salta sobre a fogueira para chamar a boa sorte, do mesmo modo como seus ancestrais faziam na noite de solstício. Estes jovens têm ligações antigas com a Terra. Por toda a vida, não deixarão uma única vez sua terra de pequenos campos, protegida pelos fortes de pedras empilhadas e marcada pelos monumentos pré-históricos, objetos de inumeráveis e algumas vezes horríveis lendas.

Este foi o dia mais longo do ano. Desta noite em diante até o fim de dezembro, a natureza perderá sua vitalidade gradualmente só acordará na próxima primavera com o retorno da luz.

De acordo com o calendário inglês tradicional, o verão começa em 1º de maio; em 21 de junho, é o solstício de verão. A vegetação está no auge de seu crescimento; o calor fatigante do alto verão está por vir. É o tempo no qual as fontes sagradas têm poderes especiais de cura e quando os antigos círculos de pedra são visitados pelas fadas e espíritos.

A direção eclesiástica inglesa instruiu repetidamente os padres locais a desencorajarem os ritos de solstício devido à sua origem pagã, mas na verdade ignoravam os eventos, pois ainda que desaprovassem toda a conversa sobre fantasmas e espíritos da natureza não viam perigo nas festividades. Além do mais, estava claro como o povo ficava revigorado e entusiasmado por quebrar a rotina. Da mesma forma como o casal que dançava no alto da montanha, eles sabiam, intimamente, que era tempo de celebrar.

▼ ▼ ▼

O tempo é agora. Estamos na entrada da Floresta Nacional de Cleveland, em Riverside County, Califórnia, em um espaço considerado sagrado entre os índios *Luiseno*. Quatro amigos, dois homens e duas mulheres, concordaram em encontrar-se antes da alvorada para escalarem as montanhas e assistirem juntos ao nascer do Sol em dezembro. Eles exercem diferentes profissões: arquitetura, massoterapia, jardinagem e literatura. Compartilham interesses aguçados por questões ecológicas e uma paixão pela vida. Durante o ano em que se conheceram, compartilharam alegrias e tristezas, realizações e tragédias. A amizade serviu como âncora de bondade e fidelidade neste mar de incertezas que foi a vida no final do século XX. Silenciosos, observam o horizonte, com a respiração condensando no ar frio. Aos primeiros raios, os pássaros começam a cantar. Os quatro amigos, de mãos dadas, oferecem uma prece silenciosa para a Terra. Quando o Sol aparece sobre a montanha e o ar começa a esquentar, levantam os braços e iniciam uma espontânea dança circular no sentido horário. Em princípio, movimentam-se vagarosamente, mas parece que a luz que emana dos olhos de cada um os impele a ir mais rápido, rodando e saltando. De repente, explodem em risadas e unem-se em um grande abraço. Sorrindo e de mãos dadas, descem a montanha. É o solstício de inverno.

▼ ▼ ▼

Durante milhares de anos, nossos ancestrais marcaram as estações pelos festivais. Estes festivais, entre os quais os mais importantes e universalmente comemorados eram os dois solstícios anuais, serviam a inúmeros propósitos: reuniam jovens e velhos, ricos e pobres; permitiam vazão emocional e ruptura dos limites e inflexibilidades culturais. O trabalho era deixado de lado; os prisioneiros, libertados; e senhores e escravos trocavam de lugar.

Estes festivais também mostravam caminhos para a organização da comunidade. As pessoas demonstravam mais carinho umas pelas outras nestas ocasiões e, ao se reunirem, tinham a oportunidade de discutir seus assuntos coletivos. Política e festança eram combinadas, por exemplo, durante a apresentação de peças teatrais, que satirizavam os nobres mercadores e eclesiásticos menos populares.

Entretanto, o mais importante era que os velhos festivais aprofundavam o senso de ligação das pessoas com o céu e a Terra. O Sol, a Lua, as estrelas, as árvores, a colheita e os animais eram todos incluídos na celebração. Cada pessoa sentia intensa ligação com a fonte de toda a vida. Estes festivais eram o meio de a comunidade renovar-se e religar-se com a natureza.

A partir do final do século XX, as pessoas não mais celebraram esses festivais antigos, ou, se comemoram, o fazem sob formas irreconhecíveis, como, por exemplo, Natal e Ano-Novo, que se tornaram, antes de mais nada, eventos comerciais. O sentimento de participação da interação cíclica entre o céu e a Terra não está presente nestes eventos.

Agora, parece que nos interessamos apenas por nossos negócios. Raramente observamos o céu à noite e se vemos o Sol nascente ou o poente é somente com interesse casual. Entretanto, a sociedade vocifera e verga sob o peso da violência, da injustiça, da superpopulação, da pobreza e da ganância. Nossa ligação com a natureza é debilitada e chega ao extremo da poluição do ar e da água, da destruição da camada de ozônio, do aquecimento global, da extinção das espécies e do desmatamento.

Poderá haver uma conexão entre nosso desconhecimento dos festivais sazonais e a perda de ligação uns com os outros e com a Terra?

Atualmente, pessoas de vários países estão expressando suas concepções sobre o meio ambiente e buscam maneiras de fazer a diferença. Mais e mais, sentimos que é tempo de voltar nossa atenção à Terra e curar as feridas que criamos.

Talvez também seja tempo de realizar festivais.

A recuperação dos antigos festivais sazonais é muito mais que um gesto simbólico. Pode ser uma maneira significativa de nos relembrarmos da ordem natural das coisas. Também pode representar uma oportunidade de aumentar nossa conscientização sobre a natureza e afirmar nosso compromisso de respeitá-la.

Os festivais sazonais não são apenas relíquias culturais. Eram, e potencialmente *são*, eventos alegres, divertidos, profundos e que comemoram a vida para nos conectar profundamente com a Terra, com o céu e com a fonte de abundância que temos dentro de nós mesmos. São ainda momentos de dançar, cantar e sorrir; tempos nos quais a criança que há em nós pode aparecer e brincar e quando os velhos e jovens reafirmam os vínculos que os unem. São momentos de retorno às simples verdades do coração da vida.

A celebração dos solstícios é pagã ou não-cristã? Certamente os grandes festivais sazonais eram fatores fundamentais das religiões pré-cristãs na Europa. No entanto, os solstícios transcendem a ideologia religiosa; são, simplesmente, fatos astronômicos celebrados por povos antigos em todas as partes do mundo, não apenas pelos habitantes da chamada Europa pagã. Além do mais, os primeiros cristãos eram rápidos em apropriar-se dos antigos festivais em seu próprio calendário de dias sagrados. Como veremos no capítulo 7, o Natal, a festa cristã mais tradicional, foi registrada em parte para coincidir com o solstício de inverno, porque tanto o solstício como o Natal são momentos de celebrar o nascimento da luz e afirmar nossa esperança na renovação do mundo.

Muitos costumes *Yuletide* não têm mais nada que ver tanto com o solstício de inverno como com a doutrina cristã. A fusão das duas celebrações serviu, em um primeiro momento, para popularizar o festival cristão e depois para preservar algumas tradições antigas relacionadas aos solstícios, que estavam correndo perigo de desaparecerem. Mas talvez se os dois festivais fossem separados mais uma vez, por um lado o solstício e por outro o Natal, ficaria evidente para os cristãos o significado único de seu feriado, e para todos nós, a redescoberta de uma celebração na qual *todos* poderiam participar.

Todos podemos nos beneficiar dos cuidados com relação ao nosso planeta e ao relacionamento deste com o Cosmo. Quer sejamos cristãos, judeus, muçulmanos, hindus, budistas, seguidores de índios nativos norte-americanos, religiões africanas, agnósticos ou ateus, podemos expressar nossa gratidão pelas dádivas da luz e da vida. O solstício não se relaciona à adoração de determinado deus ou deusa; refere-se à própria vida.

No capítulo 2, explicaremos o fenômeno *solstícios e equinócios* em termos astronômicos. Depois, do capítulo 3 ao 8, apresentaremos resumidamente pesquisas mostrando como os povos celebravam os solstícios, desde a era paleolítica até atualmente na Europa, citando a comemoração na China, passando pela América pré-colombiana. No capítulo 9, examinaremos os significados culturais e psicológicos dos solstícios, e nos capítulos 10 e 11 exploraremos maneiras de celebrar o evento, que você, seus familiares e amigos podem aproveitar para se beneficiarem, bem como todo o planeta.

Um festival não é uma ocasião de pregação, de resoluções sem sentido ou de auto-recriminação. É uma oportunidade de realçar sua experiência de vida no presente. Neste livro, há muitas informações para satisfazer sua curiosidade sobre história, mitologia e o significado dos solstícios, mas o ponto principal de todas as informações é possibilitar que você *celebre agora*.

CAPÍTULO 2

O Que é um Solstício?

O eixo rotacional da Terra não é perpendicular ao plano de sua órbita ao redor do Sol; é inclinado cerca de 23 ½ graus. Esta inclinação produz as estações.

Quando o pólo norte gira gradualmente na direção do Sol, é verão no hemisfério norte. O Sol está então incidindo por cima da Terra ao meio-dia, de forma que seus raios a atingem formando um ângulo que é quase perpendicular. Estes dias são mais longos, e as noites, mais curtas. Entretanto, é inverno no hemisfério sul, onde os raios solares são mais oblíquos, os dias, curtos, e o Sol está perto do horizonte durante todo o dia.

Em seis meses, a situação se reverte: no hemisfério sul, os dias serão mais longos, e a luz solar intensa, enquanto no hemisfério norte, chega a estação do recolhimento: o inverno frio e escuro.

Dois dias por ano, um em dezembro e outro em junho, o eixo da Terra inclina-se mais diretamente, aproximando-se mais do (ou afastando-se do) Sol do que se inclinará durante o ano. Em 21 de junho, quando o pólo norte aponta para o Sol, no hemisfério norte ocorre o dia mais longo e a noite mais curta do ano. É o solstício de verão. No hemisfério sul, este mesmo dia é o solstício de inverno.

Seis meses depois, a Terra viajou metade de sua órbita solar. Agora, o pólo sul está na posição mais distante do Sol do que em qualquer outra época do ano. É solstício de inverno na Europa e na América do Norte e solstício de verão no sul da África, na América do Sul, na Austrália e na Nova Zelândia. A palavra *solstício* vem do latim Sol *steti*, que significa, literalmente, "Sol permanece imóvel". Do ponto de vista do observador

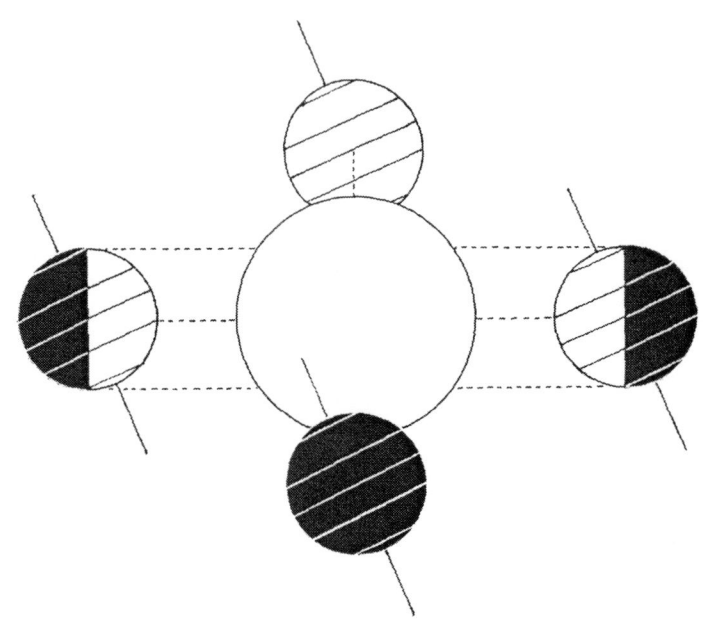

A Terra em relação ao Sol e os solstícios (direita e esquerda) e equinócios (acima e abaixo). As linhas latitudinais em volta da Terra e do Círculo Ártico, o Trópico de Câncer, o Equador, o Trópico de Capricórnio e o Círculo Antártico. Para observadores que estão no Trópico de Câncer ou no de Capricórnio, o Sol está diretamente em cima, no zênite, ao meio-dia no solstício de verão (junho no norte e dezembro no sul). Para o observador nos círculos Ártico ou Antártico, o Sol fica acima do horizonte à meia-noite no solstício de verão e não aparece no solstício de inverno.

localizado no hemisfério norte da Terra, o Sol eleva-se e posiciona-se mais ao sul no horizonte quando da aproximação do solstício de inverno. Eleva-se e posiciona-se mais ao norte no horizonte quando da aproximação do solstício de verão (a situação inverte-se no hemisfério sul). O movimento dos pontos de elevação e de posicionamento do Sol ao longo dos horizontes leste e oeste acelera-se na primavera e no outono, mas reduz de velocidade com a aproximação do solstício. Então, por cerca de seis dias no fim de dezembro e também no fim de junho, o Sol parece elevar-se e posicionar-se exatamente no mesmo ponto. Esta elevação e posicionamento parecem estar imóveis, daí o nome solstício.

O solstício divide o ano em duas metades: seis meses de Sol mais intenso seguidos por seis meses de Sol menos intenso. Estes dois subciclos constituem um par de opostos complementares, da mesma forma que dia e noite, luz e trevas, calor e frio, positivo e negativo. Povos antigos sabiam que tudo precisava de um oposto ou complemento para ter significado e vitalidade. A interação de princípios complementares promove o movimento e a mudança.

Entretanto, os pontos de divisão, os limites ou bordas entre complementos são indefinidos. São mágicos e misteriosos, não pertencem a este mundo nem a outro e, conseqüentemente, servem de portal entre as dimensões, realidades e estados de consciência. Por este motivo os solstícios, como dobras das estações, sempre foram vistos como tempos nos quais os dois mundos se aproximavam; tempos de perigo e de oportunidade, de vigília e de abundância.

Equinócio e Outros Dias Consagrados

Na metade do período compreendido entre os solstícios, no final de março e de setembro, há dois dias nos quais os hemisférios norte e sul recebem a mesma quantidade de luz solar, e dia e noite possuem a mesma duração. Nestes casos, a inclinação do eixo da Terra não está voltada para o Sol, mas forma um ângulo reto com uma linha imaginária Terra-Sol. O Sol está diretamente sobre o Equador. Estes dias são chamados de equinócios. A palavra *equinox* significa noite igual. Povos antigos viam os equinócios, bem como os solstícios, como momentos importantes do ano, entremeios do ciclo anual de estações.

Os equinócios são momentos de equilíbrio e também tempos de intensa mudança. O nascente e o poente alteram-se rapidamente dia a dia: ao

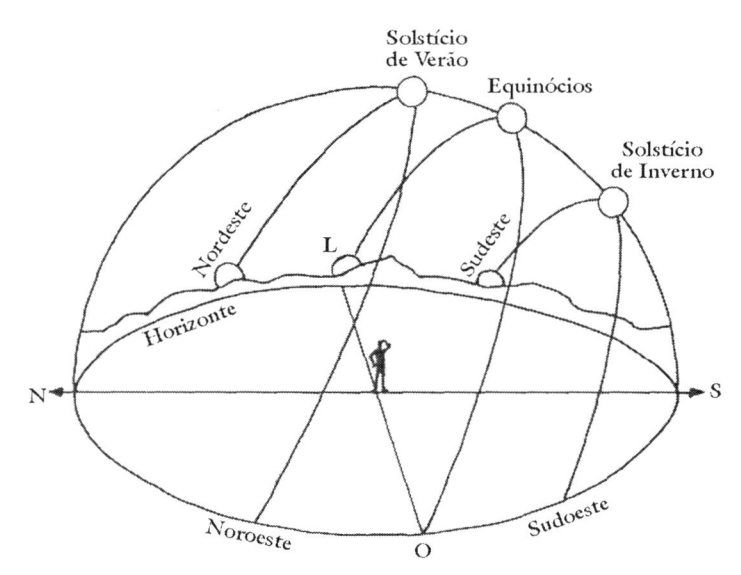

Um observador posicionado na zona temperada ao norte, durante o solstício de verão, vê o Sol nascer no nordeste e passar bem em cima ao meio-dia. No solstício de verão, o Sol nasce no sudeste e mantém-se mais baixo no céu todo o dia.

sul, durante o outono, e ao norte, durante a primavera. A maior parte dos povos antigos celebrava o equinócio de primavera ou vernal como tempo de nova vida, enquanto o equinócio de outono era, normalmente, um festival comemorativo da colheita.

Na Europa celta, comemoravam-se outros festivais sazonais entre o solstício e o equinócio.

O *Imbolg* (originado da palavra celta "leite de cabra") era comemorado em 2 de fevereiro e marcava o início da tosa das ovelhas. Também era chamado de *Brigid* ou *Candlemas* (no calendário cristão) e marca o retorno da luz, a estação no processo anual de transformação a partir do interior, o foco contemplativo voltado para a manifestação externa. O *Imbolg* sobrevive na América moderna com o nome de *Groundhog Day*.

O *Beltane* (ou Beltine) é comemorado no primeiro dia de maio com fogueiras na Escócia, na Suécia e na Boêmia. A dança em volta do mastro ornamentado com flores e a seleção do rei e da rainha de maio são ritos ainda realizados na Europa. A noite deste dia de maio é chamada de *Walpurgis Nacht* e é quando se supõem que as bruxas voam para realizar suas missões infernais.

Lughnasad (chamado *Lammas* na Inglaterra) é o festival das primeiras frutas celebrado dia primeiro de agosto. Na Irlanda é comemorado colhendo-se as primeiras batatas da safra. Antigamente era comemorado com festas, danças, *wooing* e colhendo as flores do campo.

O *Samhain* (pronuncia-se *sah-win* e significa fim do verão; também conhecido como *All Hallows Eve* ou *Hallowe'en*) originalmente era co-

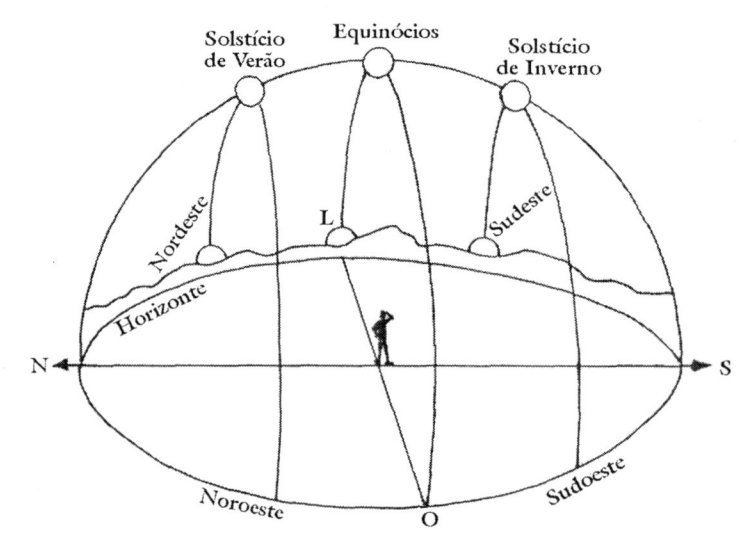

Para um observador posicionado sobre a linha do Equador, o Sol passa pelo zênite ao meio-dia durante o equinócio.

memorado no início de novembro e depois em 31 de outubro. O antigo povo celta celebrava o *Samhain* como o Ano-Novo. Como os outros dias consagrados, era a ocasião na qual se considerava que o mundo dos espíritos estava mais próximo do que o normal do mundo dos humanos. Além de um momento de inspiração e renovação, também era um momento de perigo. Mais tarde, as celebrações de *Samhain* (ou *Hallowe'en*) serviram para manter as entidades do mal sob controle.

Precessão dos Equinócios

A direção da rotação do eixo da Terra mantém-se relativamente constante enquanto o planeta segue sua órbita anual ao redor do Sol. Isto significa que o pólo norte aponta continuamente para uma direção, mas a direção do eixo muda um pouco, ainda que vagarosamente, traçando um círculo no céu a cada 26 mil anos. Se você imaginar a parte de cima de um pião no lugar da Terra, o movimento do eixo do brinquedo, evento chamado de precessão pelos astrônomos, é equivalente à oscilação que a parte superior desenvolve ao reduzir a velocidade.

Atualmente, observando o céu estrelado no hemisfério norte, a abóbada estelar parece girar lentamente em volta da estrela polar. Entretanto, devido ao movimento de precessão do eixo da Terra, a polar será, eventualmente, substituída por uma outra estrela polar. No passado distante, houve outras estrelas polares antes desta e também longos períodos nos quais não havia estrela polar e o eixo apontava para o espaço vazio.

Muitas pessoas ficaram fascinadas por estes movimentos de precessão e (de acordo com Giorgio de Santillana e Hertha von Dechend, no estudo

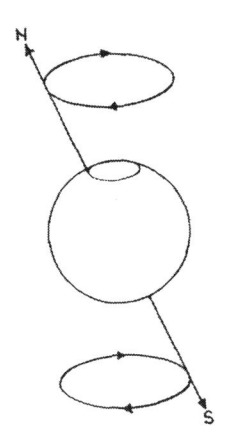

A precessão do eixo da Terra demora cerca de 26 mil anos para completar um ciclo.

clássico *Hamlet's Mill*) os tornaram o ponto central de muitos mitos. Trata-se de um fato notável, uma vez que os povos antigos observaram o movimento de precessão do eixo realizando continuamente observações astronômicas por séculos e mantendo registros precisos do que estavam pesquisando. No entanto, vale a pena lembrar que os mais convencionais astrônomos atribuíram a descoberta da precessão ao filósofo-cientista grego Hiparcos por volta de 130 a.C. e tendem a desconsiderar os argumentos de Santillana e von Dechend.

Como todos os astrólogos sabem, o zodíaco é uma banda de constelações localizada aproximadamente no mesmo plano que a órbita solar. Durante o ano, enquanto a Terra realiza sua órbita em torno do Sol, parece, ao observador localizado na Terra, que o Sol se move pelas constelações passando por cada uma no período de um mês. Durante a noite, os planetas (também localizados aproximadamente no mesmo plano da órbita da Terra) podem, igualmente, ser demarcados de acordo com sua proximidade com relação às várias constelações zodiacais.

Entretanto, devido ao movimento de precessão do eixo, cada vez que a Terra volta a determinado ponto de sua órbita (o equinócio vernal, por exemplo) o eixo aponta para uma direção levemente diferente no céu, e, conseqüentemente, o Sol ocupa uma posição também levemente diferente com relação ao zodíaco. É uma mudança tênue, mas de significado importante: a cada 21 séculos, o Sol de equinócio aparece diante de uma nova constelação zodiacal. No começo da década de 1990, no século passado, o Sol aparecia em Peixes no equinócio vernal. Há cerca de 2 mil anos, ocupava o signo de Áries, o carneiro. A seguir, estará em Aquário, o transportador de água. Daqui a 26 mil anos, a partir deste momento, no equinócio de primavera, o Sol aparecerá precisamente na mesma posição na qual se encontra agora com relação ao zodíaco, ainda que na ocasião muitas estrelas estejam em outra posição.

Adicionalmente ao movimento de precessão do eixo da Terra, os antigos conheciam o zodíaco, bem como observaram durante milênios o Sol no equinócio vernal aparecendo em uma constelação após a outra. Entendiam a seqüência dos movimentos de agrupamento estelares como o fim de uma era e o começo da próxima.

Obviamente os antigos eram observadores perseverantes, mesmo sem telescópios e outros instrumentos complicados. As primeiras técnicas de pesquisas consistiam na observação e registro dos pontos de nascente e poente de vários objetos celestiais por longos períodos. Para estas pessoas sintonizadas com os ritmos cósmicos, os solstícios e equinócios tinham significados que não podemos sequer imaginar, e estes momentos eram comemorados de muitas maneiras diferentes.

Parte 2

A Tradição do Solstício

Para tudo há um tempo; para cada coisa há um momento debaixo do céu:
  tempo para nascer e tempo para morrer;
  tempo para plantar e tempo para arrancar o que foi plantado;
  tempo para matar e tempo para sarar;
  tempo para demolir e tempo para construir;
  tempo para chorar e tempo para rir;
  tempo para gemer e tempo para dançar;
  tempo para atirar pedras e tempo para ajuntá-las;
  tempo para dar abraços e tempo para apartar-se;
  tempo para procura e tempo para perder;
  tempo para guardar e tempo para jogar fora;
  tempo para rasgar e tempo para costurar;
  tempo para calar e tempo para falar;
  tempo para amar e tempo para odiar;
  tempo para a guerra e tempo para a paz.

Eclesiastes, 3:, 1-8

CAPÍTULO 3

Os Primeiros Festivais de Solstício

Os primeiros símbolos esculpidos pelos povos da Idade do Gelo em ossos e dente de mamute foram registros de ciclos celestiais. Se nossas preocupações mais antigas e persistentes também foram as mais profundas, então uma das nossas mais importantes necessidades deve ser observada, e devemos agir de acordo com os ritmos da natureza.

Isto não é surpreendente, uma vez que a natureza é malha temporal de milhares de ciclos intercalados, e fazemos parte desta natureza.

Virtualmente, todas as plantas e animais seguem o ciclo de vinte e quatro horas (ou cirdadiano, do latim *circa dies*, em torno de um dia) de atividades de maneira inata. Alguns ainda obedecem a relógios internos lunares, anuais ou até seguem o ritmo das marés. Estes ritmos biológicos estão profundamente arraigados nos organismos e até mesmo as células aumentam ou diminuem a atividade metabólica segundo o compasso diário. Além do mais, muitos relógios biológicos estão sintonizados de acordo com condições externas, como a ausência ou a presença da luz solar. Por exemplo, em um experimento realizado na América do Norte em 1963, um esquilo foi mantido por um ano em uma sala sem janelas, com iluminação artificial e suficiente alimentação e água. A temperatura da sala era mantida a zero grau Celsius. Do período de agosto a outubro, o esquilo manteve a temperatura corporal constante de trinta e sete graus e alimentava-se normalmente. No entanto, em outubro, o animal parou de alimentar-se e hibernou, da mesma forma que faria se estivesse em seu ambiente natural, e, após cinco meses, despertou e começou a alimentar-se normalmente.

De acordo com Frank Brown, da Universidade de Northwestern, que realizou muitos experimentos relacionados com ritmos biológicos na década de 1950 a 1960, os seres vivos mantêm seu relógio sincronizado, ao menos em parte, pela sensibilidade aos momentos magnéticos e campos elétricos da Terra, campos que mudam com os ciclos planetários diários e anuais e de acordo com a posição do Sol e da Lua.[1]

Nossos corpos são governados por dezenas destes ciclos. Nossa temperatura corporal e da pele aumenta e diminui um grau ou dois segundo a escala circadiana. Para a maioria das pessoas, o horário favorito do dia coincide com aqueles de maior temperatura corporal, normalmente à tarde ou no começo da noite. O horário de pico da excreção de esteróides adrenais segue o mesmo ritmo e pico da temperatura corporal. A velocidade de coagulação do sangue, contagem de células brancas, produção de glicogênio pelo fígado, utilização da proteína no metabolismo, ritmos EEG, taxa cardíaca, taxa respiratória e muitas outras funções biológicas também mantêm o compasso de vinte e quatro horas. Todos aqueles que passaram por períodos nos quais tiveram de alternar horários devido ao trabalho noturno ou a longas viagens de avião sabem que os ritmos circadianos são poderosos e que os esforços para alterá-los podem resultar em oscilação de humor, perda de apetite, problemas gastrointestinais, diminuição do período de atenção, insônia e fadiga generalizada.[2]

Muitos destes ciclos internos são coordenados pela glândula pineal e pelos ritmos solares sazonais. Conforme diminui a duração do dia, a glândula pineal secreta mais melatonina, hormônio que controla a quantidade de serotonina no cérebro, regula a função sexual e dispara processos depressivos (se muito elevado e por várias semanas). Conforme aumenta a duração dos dias, o processo se inverte. Este fato explica o conhecido padrão de depressão de inverno seguido pela febre de verão, que ocorre principalmente em latitudes distantes do Equador, onde os dias são mais curtos. As variações sazonais também foram observadas nas taxas de suicídio e de doenças como úlceras e psicoses que podem estar relacionadas aos efeitos de alteração de humor da melatonina. A glândula pineal, cuja função é pouco compreendida, é fotossensível, e sua influência na totalidade do sistema endócrino parece agir como um mecanismo para manter o corpo sintonizado com o ambiente. O pesquisador de ritmos biológicos Gay Gaer Luce afirma que o propósito é "manter a fase de interligação em um sistema multioscilante". A função de mediar os ciclos do céu e da Terra talvez se justifique pelas crenças místicas que envolvem esta minúscula glândula nas culturas mundiais.[3]

---

1. Veja Gay Gaer Luce, *Biological Rhythms in Human & Animal Physiology*, p. 13.
2. Ibidem, pp. 44 ff.
3. Ibidem, p. 128.

Pesquisadores observaram mais periodicidades sazonais em animais do que entre os seres humanos. Cientistas alemães e holandeses demonstraram diferenças sazonais na quantidade de glicogênio armazenado nas células do fígado de animais. A quantidade de glicogênio encontrada no fígado de roedores no mês de janeiro era o dobro da encontrada em julho. O Dr. H. von Mayersbach, de Hanover, na Alemanha, pesquisava os ritmos do DNA e RNA e descobriu alterações pronunciadas na estrutura do tecido do fígado de animais de laboratórios de acordo com as alterações sazonais.[4] Porém, observa-se mais claramente que os animais demonstram padrões sazonais específicos de acasalamento, hibernação e migração. Os percursos migratórios de muitos animais parecem estar definidos de acordo com o campo geomagnético, e os períodos de hibernação, de acasalamento e de migração parecem relacionados às variações sazonais de iluminação solar.[5]

Aparentemente, os seres humanos não migram, acasalam-se ou hibernam de acordo com uma agenda sazonal. Muito do que é instinto nos animais é culturalmente determinado nos seres humanos. Os ritmos sociais ligam os indivíduos às culturas e estas à natureza. Como exemplo, considere as migrações sazonais dos aborígenes australianos, que seguiram os mesmos caminhos invisíveis pela terra por incontáveis gerações. Tais caminhos foram memorizados e comunicados por uma série de sons. Do ponto de vista econômico, eles apenas seguiram o suprimento de alimentos disponível sazonalmente, porém acreditavam que o som era essencial para o período de revitalização, até mesmo para a recriação de plantas, de animais, de montanhas, de colinas e de rios. Enquanto para um forasteiro aquela terra poderia parecer um labirinto, os aborígenes conheciam-na detalhadamente e viam-se como guardiões divinos dela. Nas cerimônias *corroborees*, os principais atos de criação relativos aos seres ancestrais míticos eram comemorados por cantos e danças no presente eterno e pontuavam o ano de forma a entrelaçar-se com os ciclos humanos de maturação individuais (normalmente ocasiões para ritos de puberdade ou outros ritos de iniciação), ciclos migratórios de animais e outros períodos de propagação e maturação de plantas comestíveis não-cultivadas.

Todas as culturas têm seu próprio ritmo, velocidade e fundamentos. Na verdade, cultura pode ser definida, em parte, como uma condição de encadeamento cultural, no qual rituais, calendários, relógios e computadores (nas mais modernas sociedades) são usados para unir indivíduos e famílias dentro de uma unidade funcional maior.

Em suma, estamos descobrindo o que Jeremy Rifkin escreveu em seu livro *Time Wars* (*Tempos de Guerras*):

"... considerações temporais exercem função essencial no ordenamento de todo o processo de vida. Abaixo da superfície

---
4. Ibidem, p. 66.
5. Ibidem, p. 123.

material, a vida é animada e estruturada por um elaborado conjunto de ritmos intrincados e sincronizados em analogia com as freqüências do Universo. A cronobiologia fornece uma nova e rica estrutura conceitual para repensar a noção de afinidade na natureza. Na cena temporal das coisas, a vida, a Terra e o Universo são vistos como parceiros de uma dança firmemente sincronizada, na qual todos os movimentos separados pulsam em uníssono para criar um único conjunto orgânico".[6]

Entretanto, atualmente, nós, seres humanos, criamos uma situação única na natureza, bem como na história de nossa própria espécie: gradualmente, mas decisivamente, nos separamos de muitos dos ciclos do Cosmo, da biosfera, e os substituímos por padrões temporais determinados pela economia ou arbitrários. Transgredimos os ritmos naturais diários de luz e trevas com a iluminação artificial das cidades; os ritmos das estações com supermercados, viagens de avião e aquecimento central. Os campos eletromagnéticos das linhas de força, fiação das casas e equipamentos eletroeletrônicos drenam os sinais geomagnéticos da Terra. O horário estabelecido pelos relógios substituiu o horário do Sol e da Lua; o tempo em nanossegundos determinado pelos computadores tornou a batida do coração imprecisa e irrelevante.

Pagamos um preço por esta revolução temporal: o custo do estresse e da doença, que somente mascaram o intenso sacrifício de nosso senso de pertencer, de estar dentro de um contexto que transcende os sistemas econômicos e políticos, de estar sendo embalados pelo compasso da criação.

Assim sendo, deve ser um ato de sanidade incomum deter a agitação da busca de velocidade e eficiência para relembrar nossos ancestrais, em vez de suprimir ou manipular os ciclos naturais que sobrevivem apenas por sermos sensíveis e nos harmonizarmos com eles.

A Europa Paleolítica e Neolítica

Seres humanos existem mais ou menos com a mesma conformação atômica há cerca de dezenas de milhares de anos; exatamente quanto tempo ainda é motivo de controvérsias. Embora usem ferramentas de pedras desde os primórdios, não há evidência de expressão simbólica até cerca de 30 mil anos atrás, quando nossos ancestrais do Paleolítico ou Idade da Pedra começaram a anotar registros das fases da Lua em ossos e marfim. No começo, os cientistas que descobriram exemplos destas marcas assumiram que se tratava de mera decoração ou de registros de caçadas, mas em 1960 o arqueólogo Alexander Marshack examinou todas as amostras co-

---

6. Jeremy Rifkin, *Time Wars*, p. 3.

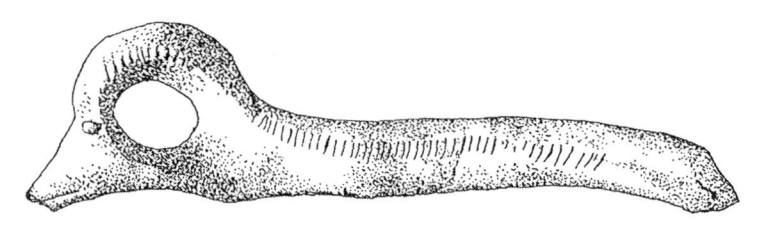

O bastão "Raposa Sorridente" de Le Placard, Charente, França. Data de cerca de 20 mil anos atrás, durante a Idade do Gelo. Este chifre esculpido apresenta uma seqüência de entalhes em ambos os lados e também no dorso. Mede cerca de 30 cm.

nhecidas ao microscópio e descobriu que as marcas seguiam um padrão que correspondia ao ciclo lunar. Embora estas anotações, que têm de 20 a 30 mil anos, não apresentem evidências específicas de que aquelas pessoas sabiam da ocorrência dos solstícios, sem dúvida alguma mostram referências à passagem do tempo e aos ciclos celestiais. As pinturas do período paleolítico do sudoeste europeu descrevem eventos sazonais, como a muda dos bisões, uma égua prenhe e o acasalamento de cobras. De acordo com o arqueólogo e astrônomo E. C. Krupp, tais pinturas revelam interesses similares aos que motivam a comunidade xamanista contemporânea a elaborar calendários a fim de limitar a caça a certas estações, assegurando desta forma a sobrevivência das espécies.[7]

Em suma, ainda que as crenças religiosas e as observações sazonais das comunidades da Idade da Pedra sejam pouco conhecidas, eram povos vitalmente relacionados aos ritmos da Terra e do céu.

Muitos sinais indicam que no período da nova Idade da Pedra, há cerca de 6 a 8 mil anos, os festivais sazonais eram o centro da vida comunitária. Neste período, as pessoas viviam em tribos, e seus membros podiam traçar origens ancestrais comuns, cujo território era demarcado por limites naturais como rios, montanhas ou florestas. Cada tribo tinha seu próprio dialeto, rituais e idéias religiosas. Todos detinham a possessão da terra. Conforme a população de algumas tribos aumentou, o que levou à exaustão dos recursos locais, as pessoas tiveram de dividir-se em um ou mais grupos de parentesco, cada qual consistindo de pessoas que traçariam sua linhagem a partir de ancestrais comuns — a mulher em torno de quem foi desenvolvido o clã. Ainda assim, com o aumento populacional, as pessoas foram forçadas a restringir as migrações e então tiveram de se estabelecer, começando a suplementar a caça com a horticultura. Surgiram as cidades e, conseqüentemente, as classes sociais: chefes, religiosos, guerreiros, artesãos e camponeses. A maior parte dos grupos vivia perto de rios ou do mar, e a maior parte do comércio e a maioria das viagens eram feitas

---

7. E. C. Krupp, *Echoes of the Ancient Skies*, p. 164.

Entrada para Newgrange. Acima dela está a entrada de iluminação; diante dela, o seixo esculpido.

por água. Gradualmente, pequenos grupos locais uniram-se e formaram unidades políticas, econômicas e culturais, que compartilhavam os mesmos costumes e linguagem. Os festivais periódicos supriam a força coesiva que unia os clãs. Estes camponeses e navegantes, que dependiam exclusivamente do clima e das estações, escolheram, naturalmente, reunir-se a intervalos regulares, a fim de direcionar seus apelos para as energias que acreditavam controlar o ciclo básico da natureza — nascimento, vida, morte e renascimento —, do qual participavam colheitas, animais e seres humanos.

A Visão do Interior da Terra

Começando talvez há onze milênios, os habitantes da Europa Paleolítica erigiram estruturas cerimoniais para sintonizar e manipular tais energias. Iniciava-se a chamada Era Megalítica, da palavra grega *mega*, que significa grande, e *lithos*, que quer dizer pedra. As obras do início da era megalítica parecem ter sido construídas por povos indo-europeus, uma cultura de pessoas de baixa estatura, cabelos longos, um povo marítimo de sociedade matriarcal e dedicados à arte de elaboração de mapas. Eram os chamados *Priteni* (fonte dos nomes Bretanha e bretão).[8] Foram deslocados a partir de 2800 a.C. pelo povo *Beaker*, assim chamado devido à prática de envol-

---

8. Jean Hunt, *Tracking the Flood Survivors.*

ver os mortos em uma mortalha de barro. Estes e outros subseqüentes invasores parecem ter usado os monumentos megalíticos para seus próprios objetivos, normalmente como túmulos.

Distante cerca de 46 km ao norte de Dublin, na Irlanda, em uma cordilheira margeada pelo rio Boyne, localiza-se uma magnífica câmara de passagem composta por centenas de seixos glaciais selecionados, sobre os quais há um tipo de telhado arrumado com pedras achatadas salientes, cobertas por um imenso morro comprimido de camadas de seixos rolados. Visto de longe, assemelha-se a um quartzo brilhante. No telhado achatado há canais de drenagem entalhados para evitar que a água da chuva entre no interior, que consiste em um corredor de cerca de 18 m e que termina em uma câmara abobadada de 6 m circundada por três pequenos salões, cada qual com uma base circular de pedra. Newgrange, como é conhecida agora esta câmara, foi erigida por volta de 3350 a.C., oito séculos antes da primeira pirâmide do Egito. Era, segundo os arqueólogos e restauradores Michael e Claire O'Kelly, "sem dúvida alguma o trabalho de construtores experientes que consideraram fatores que poderiam assegurar a durabilidade do monumento".[9]

Anualmente, durante uma semana antes e uma depois do solstício de inverno, a luz do Sol nascente passa pela fenda existente acima da entrada e ilumina inteiramente o corredor até a parede da câmara central (cerca de 5 m), onde se localiza a base de pedra circular posicionada abaixo de uma série de entalhes intrincados de espirais interligadas, desenhos de olhos e discos solares com raios. Por cerca de 17 minutos, o santuário interno é suavemente iluminado, e então, vagarosamente, os raios se afastam, deixando a câmara imersa nas trevas. O efeito é impressionante, e o esforço para obtê-lo deve ter sido imenso.

Por que as pessoas que construíram Newgrange tiveram tanto trabalho? Caso quisessem fazer uma tumba, poderiam ter tido menos. A construção do monumento exigiu esforços prolongados de um grande número de pessoas. Para obter o efeito de iluminação interna foram necessárias medidas bastante precisas. Tal esforço só poderia ser justificado caso atendesse a propósitos vitais de gerações de populações de uma extensa área. Uma vez que a estrutura foi claramente projetada para ser iluminada em determinado período do ano, o solstício de inverno, a grandiosidade do monumento e a impressão que causa demonstram a importância que os fazendeiros do período Neolítico da Irlanda conferiam a este evento anual.

A ausência de registros escritos impede o conhecimento preciso do que era feito, pensado e sentido naquelas manhãs pré-históricas de dezembro, quando o sol penetrava no ventre simbólico e sagrado que construíram. Os resquícios descobertos nas câmaras laterais sugerem que o lugar deve

---

9. Citado em Evan Hadinghan, *Early Man and the Cosmos*, p. 51.

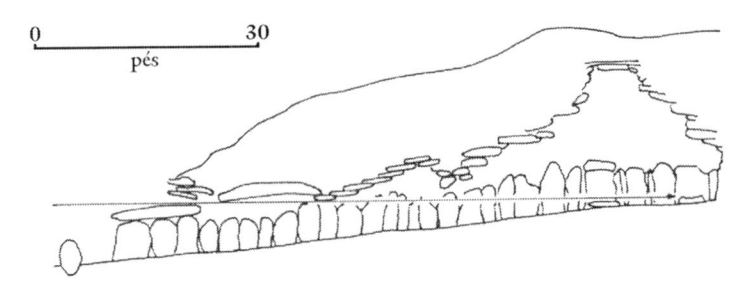

O declive do pavimento superior de Newgrange evita que a luz solar penetre mais do que 1 m no interior da estrutura, mas a fenda existente acima da entrada permite que os raios de Sol penetrem através da passagem durante o solstício de inverno.

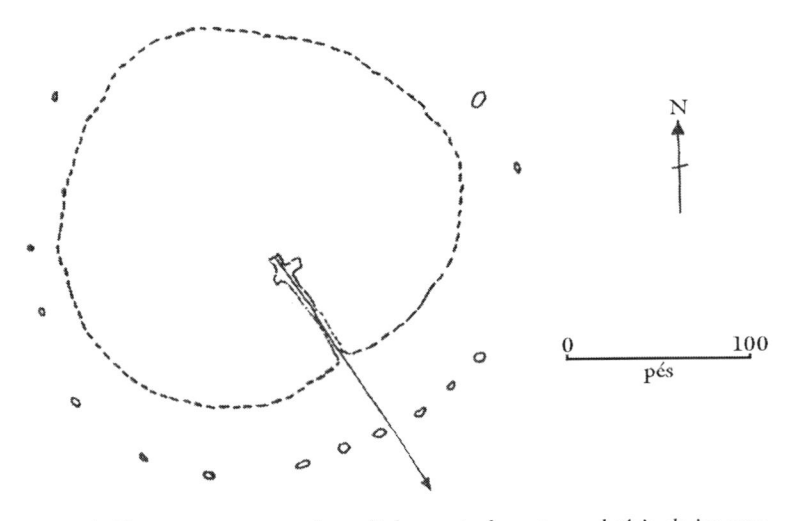

Plano de Newgrange mostrando o alinhamento durante o solstício de inverno.

ter servido como um templo, no qual se contemplavam os mistérios da morte e do nascimento e a ligação entre a alma humana e os ciclos da natureza.

Talvez o significado do local não seja a idéia de comemorar o fenômeno astronômico ou uma cerimônia de sepultamento de uma matriarca, mas a experiência que a estrutura elicia na psique humana. É o efeito que produz a interligação entre a Terra e o Sol, vida e morte, relacionamentos que foram deixados de lado atualmente, pois as pessoas tendem a pensá-los em termos abstratos.

É claro que podemos apenas especular o que aquelas pessoas faziam nas frias manhãs de dezembro. Parece que milhares de pessoas reuniam-se e acampavam durante vários dias. Possivelmente eram tempos de festejos e banquetes e também de relacionamentos com finalidades políticas e interesses econômicos. Uma vez que as câmaras internas eram suficientemente espaçosas para acomodar apenas alguns sacerdotes e sacerdotisas, é possível que os demais participantes dançassem, cantassem e orassem ao redor do monumento.

Algumas câmaras de passagem menos conhecidas e mais antigas localizam-se a cerca de 60 km de Newgrange nas montanhas Loughcrew. O historiador de arte Martin Brennan, em seu livro *The Stars and the Stones* ("As Estrelas e as Pedras"), conta sua impressão sobre o nascer do Sol no equinócio de verão no interior de Cairn T, a colina central mais alta:

> "No canto superior esquerdo da pedra retangular que reveste o fundo da câmara, um raio oculto rapidamente toma forma iluminando todo o ambiente com uma luz dourado-alaranjada esplendorosa. Foi deslumbrante e, ao entrarmos na câmara, detemo-nos atônitos diante do espetáculo. Esperávamos ver alguma coisa similar ao que vimos em Newgrange, onde um raio de sol nascente do solstício de inverno forma um feixe de luz que atravessa a câmara. No entanto, aqui, a luz assumia uma forma geométrica claramente definida, que era projetada na parede superior e movia-se diagonalmente, traçando o percurso do Sol no mural de arte pré-histórica. O que mais nos impressionou foi o cuidadoso e delicado ornamento de feixe de luz pelas grandes pedras, formando a câmara de passagem, e como o formato do feixe amoldava-se aos padrões esculpidos na pedra. Pela primeira vez estávamos vendo sinais e símbolos pelo contexto que o artista queria que fossem vistos. Repentinamente, símbolos que pareciam aleatórios e sem sentido tornaram-se parte de um intrincado sistema estruturado que derivava seu significado do evento solar que presenciávamos".[10]

A Europa Megalítica é repleta de colinas, câmaras de passagem e construções similares, sendo que muitas (embora nem todas) parecem orientadas em direção ao Sol nascente ou poente nos solstícios e equinócios. Aparentemente, os movimentos da Lua tinham igual importância religiosa. A câmara de passagem com os entalhes mais belos da Europa localiza-se em Gavrinis, na Bretanha, e está alinhada com a ascensão da Lua ao sul. O mesmo alinhamento é encontrado nos círculos de pedra no nordeste da Escócia. Além do mais, parece que alguns sítios do período megalítico eram templos tanto para o Sol quanto para a Lua. Em Cairn T, em Loughcrew, por exemplo, Martin Brennan observou que o fenômeno também ocorre com a luz lunar.

Como William H. Calvin mostrou em seu livro "Como o Xamã tomou a Lua" (*How the Shaman Stole the Moon*), os povos antigos aprenderam

---

10. Citado em Anne Bancroft, *The Origins of the Sacred*, pp. 50-51.

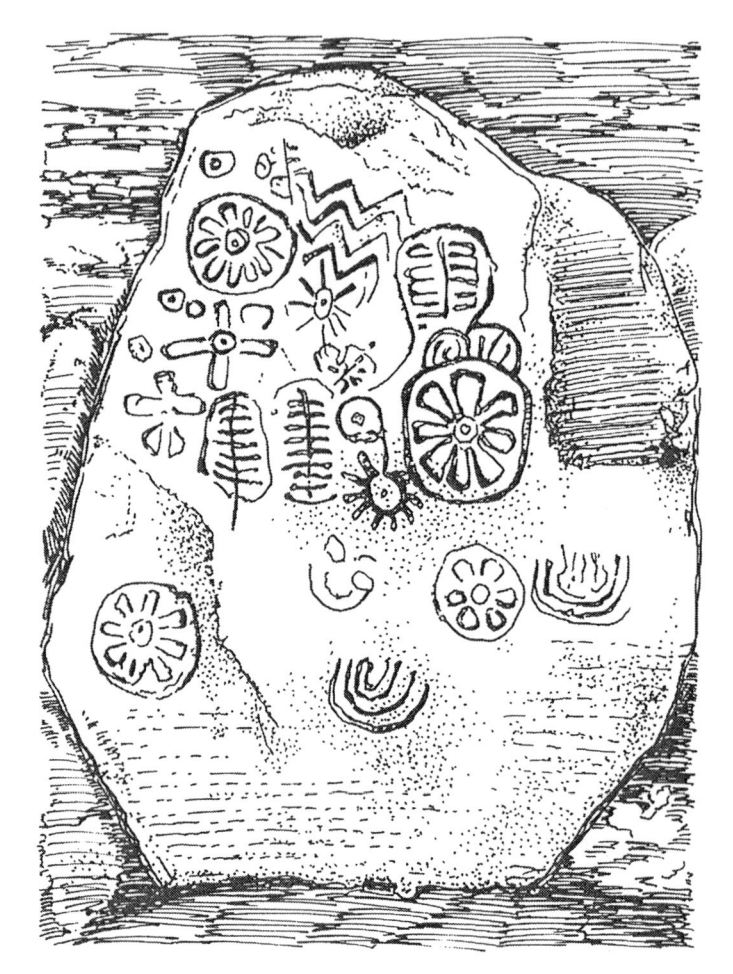

Pedra da parede de fundo de Cairn T, em Loughcrew, que é iluminada pelo Sol nascente no equinócio. (Após Michell.)

a predizer os eclipses estudando os pontos nascentes tanto do Sol quanto da Lua. Quando o nascente e o poente ocorriam nos mesmos pontos do horizonte e a Lua estava nova, era possível a ocorrência de um eclipse lunar; se a Lua estivesse cheia, poderia ocorrer um eclipse solar.

Parece que o povo *Priteni* associava o Sol, a Lua e a Terra com a deidade. Estas primeiras construções megalíticas aparentemente indicavam um calendário solar contendo de oito a 16 divisões, e pode ser que, em princípio, locais como Newgrange tenham sido usados como observatórios para determinar o tamanho aproximado do planeta e o comprimento do ano por minutos.

Anéis de Pedra

Povos antigos usavam quatro princípios básicos para marcar os solstícios e equinócios. O primeiro envolvia propiciar efeitos de iluminação nas paredes de câmaras de passagem (como em Newgrange) ou em cavernas (como no caso dos xamãs *Chumash* da Califórnia, que será visto no capítulo 5). As pessoas que utilizavam este método normalmente esculpiam ou pintavam símbolos, que eram iluminados pelo feixe de luz do Sol nascente ou poente no solstício ou equinócio.

O segundo método envolvia a medição da sombra de um pilar ou *gnomon* (mastro), normalmente ao meio-dia. Nas zonas temperadas, a sombra é menor no solstício de verão e maior no meio do inverno. Esta era a técnica escolhida pelos babilônios, gregos, chineses, peruanos e ainda persiste entre as atuais tribos de Borneo.

Outro sistema baseado no zênite, usado por muitas tribos das Américas Central e do Sul, necessitava de uma estrutura cerimonial especialmente preparada. Somente ao meio-dia do dia mais longo do ano o Sol incidia diretamente por um orifício ou tubo localizado no teto e sobre determinada marcação existente no chão.

O quarto método de registro de solstícios é também o mais simples, pois bastava anotar, a partir de uma posição fixa, os pontos de nascente e poente do Sol durante anos. Como já foi visto, os pontos localizados ao extremo sul e ao extremo norte da nascente/poente correspondem aos solstícios de inverno e de verão. Este método era muito comum na Europa, na Ásia e nas Américas. Foi usado também em Stonehenge, na planície de Wiltshire, ao sudoeste da Inglaterra. Se alguém ficar em pé no centro do monumento, voltado para a posição nordeste ao longo do eixo, a pedra isolada de 35 toneladas, conhecida como "Heel Stone", parece posicionar-se a 78 m de distância entre os três grandes arcos de pedra, marcando o local aproximado no horizonte da nascente do Sol no solstício de verão. Atualmente, esta pedra está fora da posição do nascer do Sol; entretanto, é o eixo global da estrutura que está alinhado ao solstício. Os astrônomos e arqueólogos descobriram ao menos duas dúzias de alinhamentos solares e lunares nas construções antigas de Stonehenge incorporadas na estrutura. Ainda que tais alinhamentos tenham sido contestados, está claro que, conforme as palavras do astrônomo E. C. Krupp, "não há dúvidas que Stonehenge tinha significado astronômico. Ficamos maravilhados diante da grandeza de seu significado".[11]

Stonehenge é o mais impressionante e famoso monumento de pedras do período neolítico da Grã-Bretanha. A construção em formato circular é de pedras e demorou séculos para ser erigida. Inicialmente, a construção foi

---

11. E. C. Krupp, ed., *In Search of Ancient Astronomies*.

O alinhamento durante o solstício de verão em Stonehenge. (Após descobertas de Hadingham.)

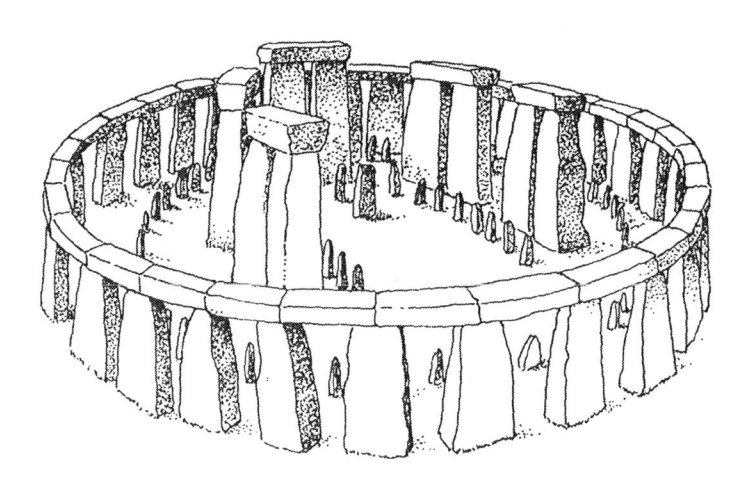

A reconstrução de Stonehenge III.

atribuída aos druidas celtas, mas há indícios de que, na verdade, foi construída por um povo pré-celta, começando talvez com os *Priteni*. Os blocos de pedra, que pesam até 50 toneladas cada, são de uma pedreira localizada a cerca de 32 km ao norte de Marlborough Downs, e as pedras azuladas são provenientes de um lugar mais distante na região dos Wales. Ainda que as adições e alterações subseqüentes (que os arqueólogos denominaram Stonehenge I e II) tenham alterado significativamente a aparência da obra, a maior parte dos alinhamentos permanece inclusa no plano original.

Podemos apenas imaginar os usos de acordo com a posição atual de Stonehenge. No solstício de verão, deve ter sido um local de encontros das tribos do sul da Inglaterra. Durante as noites escuras, as fogueiras acesas iluminavam os pilares, e, talvez, grandes círculos de danças giravam ao redor dos anéis de pedras. Então, ao nascer do Sol, todos os olhares voltavam-se para os sacerdotes e sacerdotisas, que indicavam o alinhamento desde o centro do Stonehenge até a pedra Heel.

Atualmente, Stonehenge é uma das maiores atrações turísticas da Inglaterra, vista por cerca de 700 mil pessoas anualmente. Os visitantes não podem entrar nos anéis de pedras e passam por um trajeto que segue desde o estacionamento até um caminho pavimentado ao redor de parte do círculo de blocos. Embora seja importante para a preservação do sítio, a auto-estrada e a cerca que margeiam o monumento, os guardas, o caminho pavimentado e os turistas conspiram para minar a grandiosidade e a importância sagrada do sítio. Ainda assim, para quem vem de Amesbury pela auto-estrada, Stonehenge anuncia-se no horizonte como uma inesperada e magnífica visão. A perspectiva dos grandes monólitos antigos, ao lado de carros e estradas, forma um quadro inusitado.

A leste de Stonehenge localiza-se Woodhenge, um conjunto de seis círculos ovalados formado por orifícios que agora foram preenchidos com concreto. Estima-se que tenha sido construído na mesma época em que Stonehenge I, e seu eixo principal é orientado de acordo com a posição em que nasce o Sol no solstício de verão.

Outros destes sítios, nos quais se encontram círculos ou posicionamentos de pedras alinhadas de acordo com o calendário solar, incluem Maes Howe, nas Ilhas escocesas de Orkney, orientada para o poente no meio do inverno; Kintraw, em Argyll, também na Escócia e orientada para o poente no meio do inverno; Ballochroy, na península Kintyre da Escócia, que incorpora alinhamentos no poente tanto no solstício de inverno como no de verão; Long Meg e Her Daughter, em Cumberland, que indica o poente no solstício de inverno; Gors Fawr, ao sul de Wales, orientado para o nascer do Sol no solstício de verão; e Castle Rigg, em Cumbria, que inclui alinhamentos orientados tanto para o pôr-do-sol no solstício de verão e para o nascer do Sol durante o solstício de inverno como para o nascer do Sol durante o equinócio.

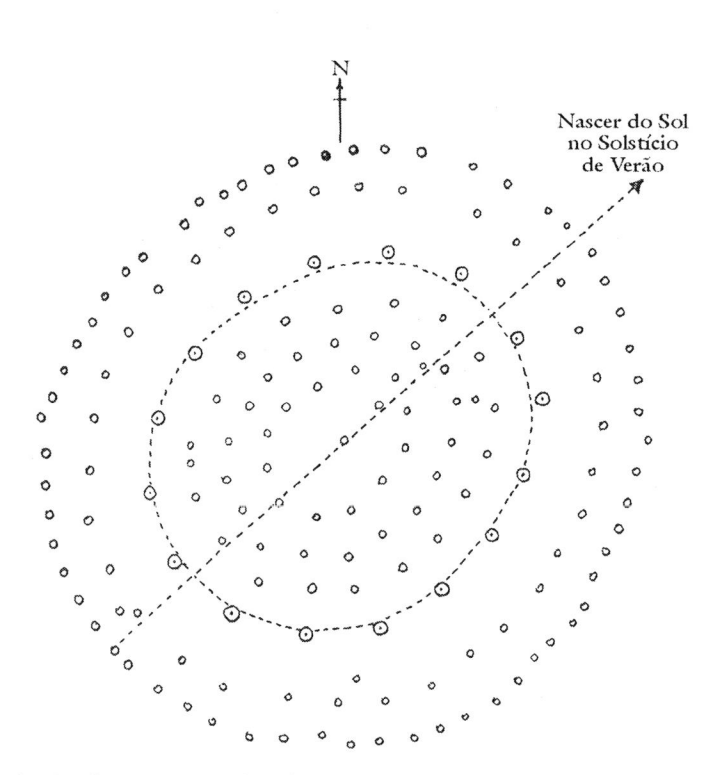

Plano de Woodhenge mostrando a direção do nascer do Sol no solstício de verão.

CAPÍTULO 4

Festividades para o Sol e a Terra no Oriente Médio Antigo

O impressionante fenômeno da antiga civilização egípcia com medicina, engenharia, matemática e astronomia avançadas parece ter surgido repentinamente. Os arqueólogos tendem a explicar esta explosão cultural no vale do Nilo, ocorrida há cerca de 4.500 anos, como resultado de um longo período de desenvolvimento ou de influência de outros centros de civilização mais antigos. No entanto, tais explicações nunca parecem suficientemente elucidativas. Qualquer observação de uma coleção de artefatos egípcios ou até mesmo uma hora admirando fotografias de pirâmides e templos deixa uma impressão distinta de que os primeiros hieróglifos, pinturas, esculturas e construções do antigo reino não representam clara expressão do florescimento integral do gênio egípcio. Tudo o que veio a seguir, registrado nos 3 mil anos de história dos faraós, parece ter derivado de mera imitação e repetição de elementos contidos na explosão inicial de inspiração.

Embora nosso entendimento da antiga sociedade egípcia ainda seja imperfeito, a maior parte dos pesquisadores chegou à conclusão de que a religião e a magia constituem seu fundamento. Os egípcios preocupavam-se com o significado da vida e da morte, com o simbolismo religioso de todas as coisas, com a astronomia, com os princípios de harmonia e proporções, como os aplicados aos ciclos interconectados dos mundos humano, natural, cósmico e sobrenatural.

Para o egípcios, o Sol era Re, o maior de todos os deuses, que criou o mundo e o governou durante o primeiro período, a Era de Ouro de paz e de abundância. Amenhotep IV, o faraó herético da 18ª dinastia, tornou o Sol o único deus que adorava como Aton, palavra egípcia que se refere ao disco físico do Sol (os outros nomes solares: Re, Atum, Hórus e Amón; ao contrário, têm associações mitológicas). Este faraó se auto-intitulava Akhenaton (a Glória de Aton) e mudou a capital do Egito para Tebas, uma nova cidade construída no centro do país, à qual nomeou Akhetaton. Ele proibiu a representação artística de outras deidades, e nenhuma imagem de Aton era autorizada, exceto a de disco solar com seus raios dirigidos à Terra, cada qual terminado em uma mão oferecendo o símbolo da vida. Em um hino a Aton, escrito por Akhenaton ou pelo poeta real, encontrado no mausoléu do pai de Nefertiti, a esposa do faraó, está escrito:

"No horizonte do céu, apareces lindo
    Ó, vivo Aton, o primeiro a viver.
Ao ascender no horizonte oriental,
    Ilumina toda a terra com tua beleza...
Ao desaparecer no horizonte ocidental,
    A terra fica nas trevas, parecendo a morte...
Mas, depois, quando ressurges no horizonte,
    Brilhando como Aton,
Dispersas as trevas
    E derrama teus raios.
As duas terras ficam em festa,
    Desperte, levante,
Tu os levantaste.
    Eles se banham e se adornam;
Os braços elevam-se em adoração diante de tal aparição;
    Toda a terra realiza tua obra;
O gado, satisfeito nas pastagens,
    Árvores e plantas verdejantes;
Os pássaros voam de seus ninhos com
    As asas abertas em adoração à tua alma...".

Akhenaton, que adicionou ao seu nome a frase "o que vive na Verdade", encorajou os artistas da nova cidade real a pintarem seguindo um estilo mais naturalista em vez de seguir a severa etiqueta tradicional da casa real. A oposição a esta reforma foi ferrenha e só terminou com a morte do faraó. Seus trabalhos foram destruídos, e gerações de egípcios os viam com desdém. Seu filho e sucessor Tutankhamon reinstalou a teocracia sacerdotal tebana, mas faleceu antes de alcançar os 20 anos de idade. Logo depois disso, a oitava dinastia virou um caos, e com ela desapareceu o último grande florescimento do gênio egípcio.

Vista do corredor Peristyle do Grande Templo de Amen-Ra em Karnak.

    Para os que adoravam o Sol, tanto a idéia mitológica como o importante fenômeno diário celestial, os solstícios e equinócios, eram limiares temporais divinamente ordenados, e, como a astronomia egípcia era focalizada no horizonte oriental, a maior parte dos templos era alinhada com o nascer do Sol no solstício e equinócio.

    Talvez a visão do mundo, de acordo com a cultura egípcia, seja mais bem apreciada por seus reflexos na arquitetura. Por exemplo, o Templo de Amen-Ra, em Karnak, é, de acordo com J. Norman Lockyer, o pioneiro da ciência que integra arqueologia e astronomia, "sem dúvida alguma a mais majestosa ruína do mundo". Foi reconstruído pelo Faraó Thutmose III da 18ª dinastia, cujo período (cerca de 1480 a.C. da primeira fase do Novo Reino) representou o último florescimento de projeto e construção antes do declínio gradual da civilização egípcia. Partes de Karnak parecem ser muito mais velhas, datando, talvez, da 11ª ou 12ª dinastia. De acordo com as considerações astronômicas, Lockyer propôs que as fundações do monumento devem datar de 3700 a.C. ou pelo menos de um milênio antes da construção das pirâmides, embora poucos egiptólogos modernos concordem.

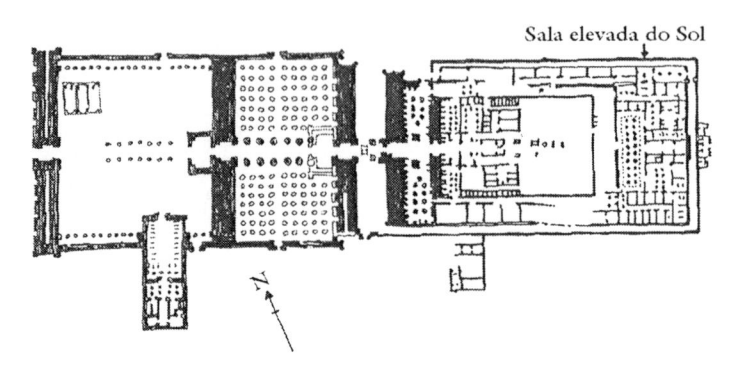

Plano do Grande Templo de Karnak.

O que é indiscutível é que o Grande Templo de Karnak incorpora os alinhamentos de solstícios. Lockyer propôs que o corredor principal é orientado para o poente do solstício de verão. Ele escreveu:

> "Há um tipo de avenida de pedras no centro com vista para noroeste e o eixo tem cerca de 450 m. O ponto principal da construção do grande templo, um dos mais misteriosos jamais concebidos pelo homem, era preservar o eixo absolutamente aberto, e todos os maravilhosos corredores de colunas, vistos do mesmo modo de um lado ou de outro do eixo, são apenas detalhes. O principal é que o eixo está absolutamente aberto, reto e centralizado".[12]

No dia do solstício, de acordo com Lockyer, um feixe de luz deveria iluminar um santuário localizado no interior do templo por cerca de dois ou três minutos, e, durante este tempo, ocorreria um pico de esplendor. Este intenso efeito de iluminação permitiria aos sacerdotes determinar a extensão do ano solar em minutos.

O efeito de iluminação também deve ter servido a propósitos religiosos. Lockyer observou que "o festival mais solene... em todo o ano, era o que ocorria na manhã do Ano-Novo ou no grande festival de cheia do Nilo e solstício de verão, o primeiro de Thoth".[13] Esta celebração do solstício "não apenas dominava a indústria como também a astronomia e a religião do Egito...".[14] Os sacerdotes carregavam a estátua de Hapi, o deus do

---

12. Norman Lockyer, *The Dawn of Astronomy*, p. 99.
13. Ibidem, p. 198.
14. Ibidem, p. 85. As conclusões de Lockyer foram questionadas mais tarde pelo arqueoastrônomo Gerald Hawkins, que citou observações de um engenheiro do exército britânico em 1891, que demonstrou que as colinas Theban ocidentais impedem os raios do Sol no solstício de verão de entrarem no templo. Hawkins sugeriu que a estrutura estava orientada em direção ao nascer do Sol no solstício de inverno e indicou alinhamentos similares em outros lugares do templo.

Nilo, em procissões solenes pelas ruas das cidades e vilas. Depois, de acordo com o egiptólogo E. A. Budge, "quando ocorria a inundação e após as cerimônias religiosas, a alegria invadia... espalhava-se rapidamente e era feriado para todas as classes".[15]

O eixo do menor Templo de Ra-Hor-Ahkty, que é ligado ao grande corredor em Karnak, é orientado para o nascer do Sol no solstício de inverno, bem como a janela da Elevada Sala do Sol do mesmo complexo.

Os Templos de Tebas e Abidos são orientados de maneira similar, bem como o Colosso de Memnon, com 18 m de altura e localizado na planície do outro lado do Nilo em Karnak, junto às ruínas do Templo.

As pirâmides e a esfinge de Gizé, bem como os Templos que circundam estes monumentos (Templo de Ísis e de Osíris), por outro lado, são orientadas para o leste-oeste, em direção ao nascer do Sol no equinócio. Nota-se a mesma configuração nas pirâmides em Mênfis, Sais e Tanis.

Os egípcios antigos demonstraram genialidade para utilizar integralmente os princípios e ferramentas mais simples, tanto nas obras de engenharia como na ciência teórica. Ao que parece, foi pelo uso inteligente dos templos-observatórios que eles se tornaram conscientes do lento movimento de precessão do eixo da Terra. Giorgio de Santillana, do MIT, escreveu que, "quando um templo estelar é orientado de maneira tão precisa que requer diversas reconstruções em intervalos de poucos séculos, que envolve, cada vez, a reconstrução de seu estrito alinhamento", como realmente eram as estruturas egípcias orientadas para o nascente de certas estrelas brilhantes, e tais reconstruções eram datadas não pelos hieróglifos representando os anos em relação aos eventos políticos, mas por rodas zodiacais em baixo-relevo mostrando a posição das constelações (como no caso do Templo de Hator em Dendera), "não seria razoável supor que os egípcios não sabiam sobre a precessão dos equinócios, ainda que seus recursos matemáticos não pudessem predizê-la do ponto de vista numérico".[16]

Mesopotâmia

As religiões nativas do Oriente Próximo, centradas na natureza e na agricultura, cultuavam, como em todo o período neolítico, imagens de deusas. Na Anatólia (atual Turquia), por volta de 7000 a.C., nas cidades de Hacilar e Catal Huyuk, as deusas eram representadas em três aspectos: uma jovem mulher, uma mãe dando à luz e uma idosa. Normalmente, elas eram acompanhadas por um leopardo ou búfalo. A presença de oferendas nos funerais sugere também o culto à morte. Estas culturas da Anatólia

---
15. E. A. Wallis Budge, *The Gods of the Egyptians*, vol. II, p. 47.
16. Ibidem, em seu prefácio para Lockyer, p. IX.

O topo do telhado do templo em Karnak conhecido como Elevada Sala do Sol.

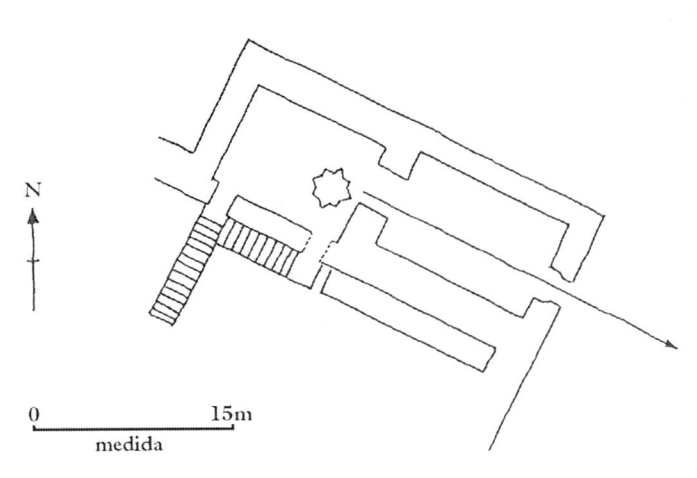

*Plano da Elevada Sala do Sol mostrando a janela aberta
voltada para o nascente no solstício de inverno.*

foram substituídas pelo povo Halaf (novamente adoradores de deusas) e pelos Ubaidi (4300 a.C.), que floresceram na Mesopotâmia. Os Ubaidi construíram templos monumentais revestidos de cobre e ouro e desenvolveram agricultura e comércio do mais alto nível conhecido no período pré-histórico.

A história começa com a escrita, e os primeiros povos a usar este recurso foram os sumerianos da Mesopotâmia. Ninguém sabe de onde vieram; sua linguagem não está relacionada com qualquer outro idioma conhecido, e parece que surgiram repentinamente por volta de 4000 a.C. e já com uma cultura altamente desenvolvida. Mais tarde, por volta de 3000 a.C., grupos de acadianos semitas começaram a ir para as cidades sumerianas. O resultado foi primeiro a simbiose cultural e depois a conquista. Por volta de 2300 a.c., um rei acadiano, Sargão, estabeleceu um império na Mesopotâmia que durou um século antes do colapso devido aos ataques nômades. Nos séculos seguintes, os impérios Babilônico e Assírio repetidamente se originaram-se da síntese cultural acadiana-sumeriana, exercendo supremacia temporária antes de cair em mãos dos bárbaros do norte.

É quase certo que os babilônios e assírios sabiam sobre a ocorrência dos solstícios, uma vez que o Templo escavado em Khorsabad, na antiga Assíria, atual Iraque, está voltado para o nordeste, em direção ao nascer do Sol no solstício de verão. Ao que parece, para eles os equinócios eram mais significativos.

O mais importante festival do calendário babilônico era o começo do Ano, Novo, que ocorria no equinócio de primavera (ou, no começo dos tempos, no equinócio de outono). Nesta ocasião ocorria o *akitu,* cerimônia de doze dias na qual o rei, como filho e representante da divindade, regenerava e sincronizava os ritmos da natureza, o Cosmo e a sociedade humana. Os principais elementos da cerimônia eram:

a) No primeiro dia eram convidados os deuses de toda região para virem à cidade participar do festival. Eram oferecidos sacrifícios e confeccionadas estátuas para o ritual. Então, a ordem social era invertida: os escravos tornavam-se senhores, e toda a ordem e hierarquia eram abolidas, de forma que o mundo voltava, simbolicamente, ao caos.

b) No quarto dia, os sacerdotes recitavam a história da criação (*Enuma elish*) nos templos e dois grupos de atores encenavam a luta entre Marduk (o Criador) e Tiamat (o dragão do caos).

c) No quinto dia, o sacerdote principal do rei despojava-o das insígnias reais e o golpeava no rosto. Se as lágrimas brotassem, entendia-se que a terra iria prosperar. O rei prostrava-se e orava antes de recolocar os seus emblemas e oferecer o sacrifício noturno.

d) No oitavo dia, em uma casa especial para o festival de Ano-Novo para a qual todos rumavam em procissão carregando andores decorados, o rei e os altos sacerdotes determinavam os presságios para cada um dos doze meses do novo ano em uma cerimônia chamada "estabelecendo os destinos".

e) Finalmente o rei (representando Marduk) e uma alta sacerdotisa (representando a consorte divina Sarpanitu) realizavam as bodas sagradas, assegurando a fertilidade do reino. Depois, seguia-se um período de festividades que ia além dos limites da cidade.

A cerimônia *akitu*, com sua encenação do retorno anual ao caos seguida pela recriação, era um exemplo das celebrações e festivais de Ano-Novo no mundo antigo. Como afirmou o historiador de religiões Mircea

Eliade, "em toda a parte há uma concepção de fim e começo de um período temporal, baseado em observações dos ritmos biocósmicos e formando parte de um sistema maior, o de purificações periódicas (purgações, confissões de pecados, etc.) e da periódica regeneração da vida".[17]

Cananeus e Hebreus

Entre a Mesopotâmia e o Egito floresceu um povo voltado para a agricultura, referenciado na Bíblia como cananeus, cuja religião se caracterizava pela adoração de pedras, pilares, árvores e fontes. O deus mais importante era El, nome que aparece no Velho Testamento em sua forma plural, Elohim. El foi o primeiro termo genérico para divindade, mas, posteriormente, passou a indicar o mais importante deus do panteão cananeu, o deus do céu chamado de divino, compassivo, Pai dos Deuses e dos Homens.

As principais deusas do panteão são Asherah e Anath. Asherah era a esposa de El e a mãe dos demais deuses. O cipreste, a mirta e a palma eram sagrados para esta deusa, cujo símbolo era a vaca com os dois chifres. Os cananeus adoravam-na nos templos de prostituição e também nos festivais sazonais.

Embora poucos detalhes dos festivais sazonais cananeus sejam conhecidos, há razões para acreditar que estejam sincronizados com os equinócios e solstícios. Na cidade libanesa de Baalbek, conhecida anteriormente como Heliópolis (a cidade-Sol), estão as ruínas de um templo antigo orientado para o leste na direção do nascente no equinócio. Este complexo, reconstruído pelos romanos, incorpora três pedras talhadas que pesam cerca de 750 toneladas. As antigas lendas árabes dizem que os primeiros templos de Baal-Astarte foram construídos logo após a inundação da cidade por uma tribo de gigantes.

Do tempo de Josué em diante, a religião inerente dos cananeus exerceu influência poderosa sobre a dos invasores israelitas. Entre os últimos, a adoração a Baal e Astarte, a observação do sistema ritual local e dos sítios sagrados e a observação dos festivais sazonais atestam a intensidade desta influência. Os israelitas, povo nômade de pastores, tornaram-se agricultores, e deve ter sido fácil para eles emprestar elementos da religião natural dos fazendeiros entre os quais passaram a viver. Os seguidores de Baal viam a germinação e declínio da vegetação, a maturação das frutas e o movimento sazonal do Sol como evidência da atividade de seus deuses. Mas, para os ainda nômades pastores das colinas pedregosas do sul da Palestina, a adoração a Baal e Astarte parecia ameaçar os elementos morais e espirituais de sua adoração ao único Iavé (Jeová). Eles viam a histó-

---

17. Mircea Eliade, *Cosmos e História (Cosmos and History)*, p. 52.

Pedra colossal em Baalbek.

ria humana não como natural, mas como pertencente à esfera da atividade divina. Seguiram-se conflitos entre os proponentes do Jeovismo e o culto a Baal entre os hebreus no 1º milênio a.C.

Todavia, a última incorporação de elementos de natureza e religião na herança judaica é atestada pelo fato de que a estrutura religiosa antiga mais importante para os judeus (e depois também para os cristãos), o fabuloso templo de Salomão em Jerusalém, era orientada para o nascente no equinócio. No equinócio de primavera, durante o festival da colheita, a luz do Sol entrava no templo pelo vão do portal e atingia um altar do divino entre os divinos. Nesta ocasião, e somente nesta ocasião, os altos sacerdotes entravam no *sactum sanctorum* (santuário interno de um templo). Norman Lockyer observou que "há evidências... de que a entrada da luz do Sol na manhã do equinócio de primavera fazia parte do cerimonial. O alto sacerdote, posicionado na nave (no altar sagrado), e os adoradores fora do templo, de costas para o Sol, podiam ver o sacerdote por meio da luz refletida pelas jóias de sua vestimenta". Lockyer citou uma declaração de um historiador romano, Josephus, com relação ao efeito das jóias: "brilhavam quando Deus estava presente nos sacrifícios... sendo vistas até pelos que estavam mais distantes; tal esplendor da pedra não era natural antes".[18]

---

18. Norman Lockyer, op. cit., p. 93.

É possível que as observações de equinócios e solstícios fizessem parte da tradição hebraica, ainda que não tenham sido encontradas evidências disto. No entanto, há uma passagem de um comentário judaico na obra *Abodah Zarah*, do Talmud Babilônico de quinze séculos, descrevendo que Adão descobriu o solstício de inverno seguindo-se à sua expulsão do paraíso. Observando que os dias ficavam mais curtos, ele orou por oito dias, que correspondia à metade do inverno. Suas orações foram atendidas, pois logo os dias ficavam mais longos novamente. Depois disso, Adão repetiu este ritual ano após ano.

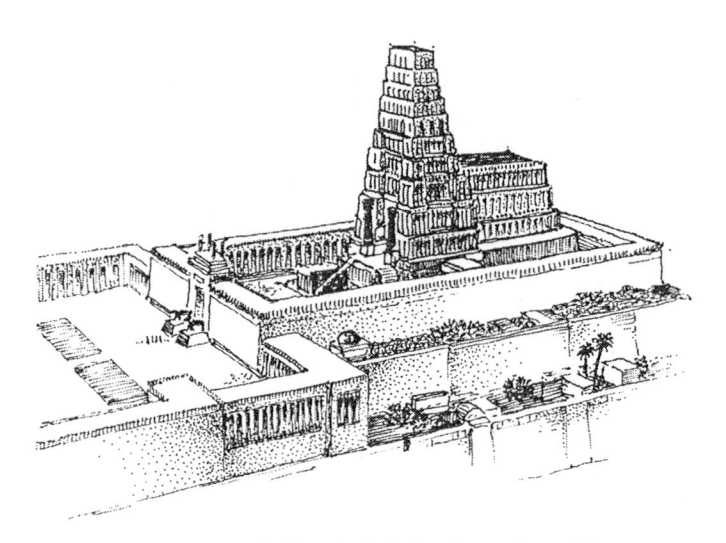

Reconstrução do Templo de Salomão em Jerusalém.

CAPÍTULO 5

Ritos de Solstícios nas Américas

Como acabamos de ver, os antigos habitantes da Europa e do Oriente Próximo construíram câmaras de passagem espetaculares, círculos de pedras e pirâmides para as cerimônias de solstícios e equinócios. Os nativos das Américas mostraram a mesma paixão pelos ciclos sazonais do Sol. Na verdade, para algumas tribos nativas, os solstícios e equinócios serviam como alicerces temporais da cultura.

Os primeiros que chegaram às Américas provavelmente eram provenientes da Ásia, talvez, há cerca de 40 mil anos (ainda que exista muita controvérsia sobre esta data entre os arqueólogos). Uma vez que os sítios arqueológicos siberianos, que datam do final da última Era do Gelo, apresentam sinais indicando que os habitantes utilizavam um calendário lunar,[19] assumimos que os que migraram para a América do Norte tinham conceito de tempo e de estações já desenvolvido. Tal suposição é amparada, até certo ponto, pela existência de registros talhados em pedra encontrados desde o Oregon até o México, atingindo Nevada, e também pelos calendários de ossos e marfim do período paleolítico estudados por Alexandre Marshack. Os petróglifos norte-americanos parecem ter muitos milhares de anos, mas infelizmente não há como precisar a data, uma vez que o método de radiocarbono funciona apenas com materiais orgânicos.

---

19. Veja Evan Hadingham, *Early Man and the Cosmos*, p. 88.

Entretanto, se for levada em consideração a visão de mundo do povo norte-americano nativo sobrevivente como ponto de partida, será possível realizar um tipo de arqueologia mitológica que ajudará a inferir o pensamento dos ancestrais milenares deste povo. Dois elementos comuns de todas as tradições tribais norte-americanas são a consideração do significado sagrado das quatro direções do espaço e a crença na existência de um mundo sobrenatural, descrito com similar imagem celeste e que pode ser acessado por meio de sonhos e visões. Uma vez que tais idéias são encontradas em tribos distantes do ponto de vista geográfico e que mantêm costumes e linguagens diferentes, parece que fazem parte da mitologia de caçadores e de grupos que cruzaram a Terra a partir da Sibéria, há cerca de alguns milênios.

Além do núcleo de crenças já mencionado, muitas tribos viam os solstícios e os equinócios como equivalentes temporais das quatro direções sagradas e como tempos nos quais os mundos real e sobrenatural se cruzam.

Construções de Terra

Há cerca de três mil anos, as pessoas que viveram no Vale do Mississipi e em áreas adjacentes começaram a construir milhares de trabalhos de terra com dimensões variando desde pequenos montes do tamanho de uma sepultura até plataformas que cobrem muitos acres. Um dos aspectos mais interessantes destas construções é o formato geométrico perfeito. Há, ainda, exemplares em forma de réptil, pássaros e outros animais. Ainda que os atuais fazendeiros tenham destruído a maior parte destas construções e as que resistem estejam dependendo de pesquisas detalhadas, nota-se claramente que estas estruturas de terra são orientadas para os pontos do nascer do Sol no solstício e equinócio.

As construções localizadas no Vale do Mississipi talvez tenham sido realizadas durante dois mil anos por três grupos distintos.

O primeiro grupo é conhecido como *Adena* (não sabemos como seus integrantes se autodenominavam e, como é comum na arqueologia, deram-lhes o nome de um sítio escavado) e construiu as colinas mais surpreendentes com formato de animais, como a Grande Serpente, em Adams County, em Ohio. Após poucos séculos, Adena foi gradualmente suplantada por *Hopewell*, que construiu colinas em forma de quadrados, círculos, octógonos e linhas retas. Por último, temos os *Misissippians*, que floresceram após 1000 d.C. e construíram plataformas piramidais. Os nativos norte-americanos do Mississipi ainda usavam estas construções para propósitos ritualísticos, quando os europeus começaram a colonizar as Américas.

Em Cahokia, localizada em St. Louis, ao sul de Illinois, está o sítio mais bem elaborado e estudado. Trata-se de uma cidade de vários milênios,

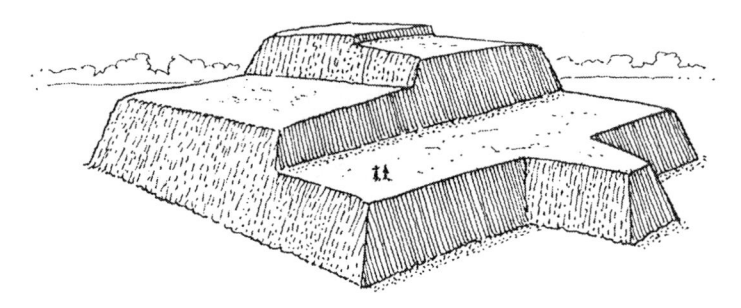

Reconstrução de Cahokia ou da Colina dos Frades.

que floresceu entre 800 e 1550 d.C. Cahokia foi construída ao redor de um centro cerimonial de pirâmides e originalmente circundada por cerca de cem colinas, das quais oitenta ainda existem. A Colina dos Frades é a maior do complexo e mede cerca de 30 m de altura e 65 mil metros quadrados de extensão. Como as outras do complexo, está orientada para leste-oeste em direção ao nascer do Sol no equinócio.

Distante cerca de um quilômetro a oeste da Colina dos Frades, os arqueólogos descobriram, por volta de 1960, quatro grandes círculos de colunas. Warren Wittry, do Instituto de Cranbrook, investigou um destes círculos em detalhes e descobriu que incorporam alinhamentos de solstício muito precisos. Originalmente, o círculo (o qual ele denominou Woodhenge norte-americano) consistia de colunas de madeira com 60 cm de largura por 1,20 m de profundidade. O círculo tinha 124 m de diâmetro. Se for colocada uma coluna atrás, a 1,5 m de distância na direção leste a partir do centro do círculo, as colunas das construções alinham-se aos pontos do nascer do Sol nos solstícios de verão e de inverno. As duas outras colunas alinham-se ao leste (nascer do Sol no equinócio) e ao norte. Somente cerca de metade do círculo está preservada, de forma que se torna impossível determinar se a posição do poente no solstício e outros alinhamentos astronômicos foram incorporados à estrutura. O tamanho do círculo e a precisão dos pontos de fixação das colunas indicam que Cahokia Woodhenge era um calendário muito preciso, provavelmente usado para determinação de cerimônias sazonais e festivais ligados à agricultura.

Círculos nas Planícies

As tribos nômades das grandes planícies tinham uma sociedade menos complexa que a dos agricultores e edificadores do Mississipi, cuja civilização era, aparentemente, influenciada pelas culturas da América Central, embora prestassem atenção às estações e ciclos naturais.

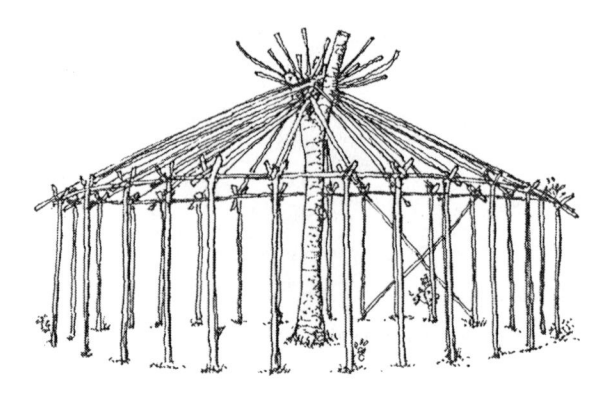

O pavilhão da Dança do Sol. (Após J. E. Brow.)

Poucas tribos, como a *Skidi Pawnee*, apesar de manter tradições elaboradas relacionadas às estrelas e cerimônias temporais de acordo com o movimento sazonal das constelações, parecem ter se interessado menos pelos solstícios. Contudo, a maior parte das tribos do Texas ao Canadá, do Mississipi às Montanhas Rochosas, particularmente a nação *Sioux*, participavam de uma cerimônia comum, a Dança do Sol, tradicionalmente comemorada no período da lua cheia mais próxima do solstício de verão. Nestas ocasiões, as pessoas acampavam em círculos ao redor de uma árvore de algodão, a coluna do Sol, e construíam um pavilhão circular, o pavilhão da Dança do Sol, com 28 colunas. A coluna central representava Wakan-Tanka, o centro de todas as coisas. A entrada era orientada para leste na direção do nascer do Sol no equinócio. A cerimônia completa demorava 16 dias, oito de preparação, quatro de realização e quatro de abstinência. Tratava-se de um período de renovação, cura, purificação e oração. O propósito que tinham ao realizar a Dança do Sol era a renovação de si mesmo e de seu mundo. O período em que se realizava o rito, na metade do verão, quando o Sol estava mais alto no céu e os dias eram mais longos, era muito importante.

Thomas Mails, pastor luterano que escreveu muito sobre as tradições espirituais dos nativos norte-americanos, descreve o ponto alto da cerimônia:

> "Quando a Dança do Sol é realizada corretamente, no último dia e algumas vezes por outros dias, cada um daqueles homens é perfurado por dois espetos de madeira (algumas vezes, garras de águia) colocados sob a pele do tórax. Então, estes espetos são presos a uma corda resistente e a outra ponta desta corda é amarrada na coluna do Sol. Os homens, em um círculo em volta da coluna do Sol, vão para frente quatro vezes, rezando e tocando a coluna, e depois jogam-se para trás com força, até que os espetos se quebrem ou saiam da pele. Um método alternativo é

colocar dois espetos sob a pele da parte superior da omoplata. Estes espetos são então amarrados às cabeças de grandes búfalos por tiras de couro. Os animais são arrastados ao redor do círculo por uma pessoa, até que o peso deles solte ou quebre os espetos".[20]

É difícil para nós entendermos a importância cerimonial da dor e do auto-sacrifício no contexto destas culturas nativas. Europeus e norte-americanos tendem a negar ou evitar o sofrimento e a morte a todo custo. No entanto, para os índios, estes são fatores essenciais da roda da vida. Não há vida sem sacrifício, dor e morte, seja esta última de animais ou plantas, para que as pessoas possam viver, ou de seres humanos, para que as gerações futuras e o próprio Cosmo viva. A Dança do Sol é uma oportunidade de agradecimento e renovação, e o sacrifício da carne reafirma este profundo comprometimento.

Os índios *Witchita,* do Kansas, construíam suas vilas ao redor dos círculos do Conselho, que consistiam de uma colina central rodeada por uma vala em forma elíptica. O arqueólogo Waldo Wedel do Instituto Smithsonian, investigou estes três círculos localizados em Rice County, em 1967, e descobriu que são equivalentes; estão distantes um do outro cerca de 1,5 km, e os traçados de ligação de um ao outro estão alinhados com o nascer do Sol no solstício de verão e com o pôr-do-sol no solstício de inverno. Wedel notou também que um dos círculos, chamado Hayes, tem o eixo maior voltado para a direção do nascer do Sol no solstício de verão. O eixo do outro círculo, chamado Tobias, foi direcionado na direção do pôr-do-sol do solstício de verão.

Mais distante, na direção oeste, ao longo da face oriental das cadeias rochosas, estendendo-se do norte do Colorado ao Canadá, localizam-se os restantes 50 círculos de pedra conhecidos como rodas da medicina. Cada um deles é composto por pequenas rochas e está centralizado em uma pilha de rochas. A maior parte das rodas são radiadas, e, em muitos casos, os raios são orientados de acordo com posicionamentos astronômicos. O círculo mais bem estudado até agora foi o *Bighorn Medicine*, localizado na montanha Medicine, perto de Sheridan, em Wyoming, que incorpora o nascente e o poente no solstício de verão e também dois alinhamentos estelares. O círculo *Fort Smith Medicine* localiza-se na Reserva Crow Indian, ao sul de Montana, cujo raio mais longo aponta na direção do nascer do Sol no verão. Já a roda chamada *Moose Mountain Medicine,* localizada em Saskatchewan, assinala o mesmo evento celestial que a roda *Bighorn*. A roda *Bighorn Medicine* tem 28 raios, o mesmo número de colunas do tradicional pavilhão da Dança do Sol.

---

20. Thomas E. Mails, *Secret Native American Pathways: A Guide to Inner Peace*, p. 190. Veja também Joseph Epes Brown e Black Elk, *The Sacred Pipe*.

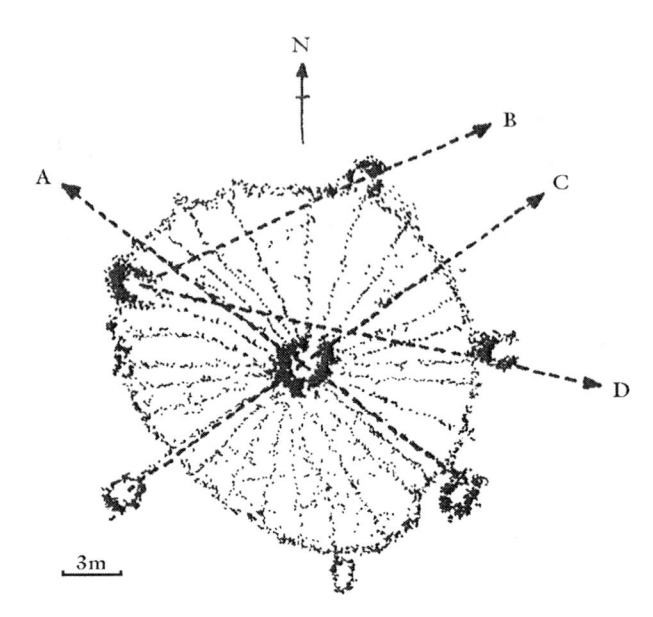

*A roda Bighorn Medicine, localizada em Wyoming. Os alinhamentos indicados são:
A. Poente no solstício de verão. B. Ascensão da Aldebaran. C. Nascer do Sol
no solstício de verão. D. Ascensão Rigel.*

É difícil precisar as datas de construção das rodas de medicina, bem como quem foram seus construtores ou para que eram usadas. No entanto, parece que estão relacionadas aos ritos sazonais como a Dança do Sol, na qual se reuniam pessoas de diferentes lugares para vários dias de celebração, cerimônias e orações dirigidas aos seres superiores.

As Luzes dos Solstícios na Antiga Califórnia

Os índios Chumash, da costa central do Pacífico, na Califórnia, viam os solstícios como tempos nos quais a Terra, a sociedade humana e todo o Cosmo chegavam ao auge de crises. Nestas ocasiões, a sobrevivência do mundo dependia do desempenho das pessoas nas cerimônias apropriadas.

Os Chumash, ao contrário de outras tribos, estabeleceram-se em cidades e desenvolveram uma sociedade complexa e estratificada. Em 1542, quando ocorreu o primeiro contato com os europeus, eles eram organizados em duas províncias e governados por uma mulher. No topo da pirâmide da escala social Chumash havia uma elite religiosa dos chamados *antap*, os xamãs astrônomos responsáveis por zelar pelo calendário e determinar os tempos apropriados para as cerimônias.

Símbolos do Sol pintados em rochas pelos Chumash.

A mitologia dos Chumash era centralizada nos movimentos dos corpos celestes. Achavam eles que seus deuses eram humanos que ascenderam da Terra há muito tempo a fim de escapar do primeiro dilúvio, a catástrofe mundial descrita em muitas tradições culturais. O mais importante e poderoso dos seres celestes era o Sol, que vivia em uma casa de cristal. Acreditava-se que o Sol liderava um time de pessoas no céu em um jogo de bola diário, no qual o time oposto era liderado pelo Coiote do Norte (a estrela do norte), que era visto como o benfeitor das pessoas. A Lua fazia a contagem dos pontos. O jogo terminava todo ano no solstício de inverno, quando havia o perigo real de que o time do Sol pudesse vencer e decidisse não mais retornar, o que causaria o desequilíbrio da natureza.

Para os Chumash, os solstícios eram revelações da ordem cósmica. As pessoas participavam dos rituais mensais a fim de ajudar a restaurar a Lua por meio de orações e louvores, evitando, dessa forma, a ocorrência da catástrofe cósmica do meio do inverno. Os xamãs astrônomos, os *alchuklash*, exerciam a função principal, mantendo vigília em uma caverna especial para a observação solar e alertando a proximidade do solstício. Neste período, ocorriam cerimônias durante vários dias, as quais eram presididas pelo chefe principal intitulado *paha* e considerado "A Imagem do Sol". Durante estas cerimônias, os xamãs consumiam uma erva sagrada com poderes alucinógenos, chamada datura, e as pessoas participavam de uma dança que simbolizava a jornada da alma pela Via-Láctea para a terra da morte.

Os Chumash produziram alguns dos mais importantes exemplos de arte em pedra, a maior parte das quais centralizada na importância mítica do solstício. Foram observados efeitos de iluminação na manhã do solstício de inverno em muitas cavernas existentes na moderna Los Angeles e em Santa Bárbara. Por exemplo, em Burro Flats, localizada na direção nordeste do Vale de São Fernando, observa-se que, durante todo o ano, uma complexa coleção de imagens geométricas e de animais é sombreada por uma cobertura de rocha, e então, na manhã do solstício de inverno, um triângulo de luz solar passa pelo centro de uma série de anéis concêntricos antes de recuar para a base da superfície de rocha preparada. Foram observados efeitos similares na Caverna Condor, na floresta nacional de Los Padres, na caverna Window, na base da força aérea Vandenberg, e em La Rumorosa, em Baja, onde um raio de Sol em forma de punhal ilumina um círculo branco e depois corta a figura de um xamã de 33 cm exatamente na altura dos olhos, como se simbolizasse sua participação mágica no evento.

Outras tribos da costa oeste da atual Baja até British Columbia compartilham conceitos similares sobre os solstícios. Por exemplo, mais além, ao norte da Califórnia, nos condatos de Sonoma e Mendocino, os índios *Pomo* chamam os solstícios de "tempos de retrocesso". Cada vale é observado por determinado sacerdote do Sol que registra a posição do nascente a cada dia com relação a uma determinada colina localizada no horizonte e, desse modo, segue a trilha do progresso do Sol na proximidade do solstício. Quando o nascer do Sol ocorre no mesmo ponto por quatro dias consecutivos, o observador do Sol proclama o solstício.

Os Sacerdotes Solares do Sudoeste

Na manhã de 29 de junho de 1977, Anna Sofaer, artista com interesse em petróglifos pré-históricos, escalou até o topo da montanha Fajada Butte,

Figura do xamã pintada em vermelho na parede de La Rumorosa, um abrigo de pedras localizado na baixa Califórnia. No solstício de inverno, um triângulo de luz cruza a face do xamã.

em Chaco Canyon, no Novo México, para fotografar duas espirais entalhadas na face leste. As figuras eram sombreadas por três pedaços paralelos de rochas largas. Quando Sofaer se ajoelhou para fotografar, notou que um tênue raio de luz solar se movia verticalmente para baixo da espiral, exatamente do lado direito do centro.

Posteriormente, ela notou que o horário de sua chegada ao sítio foi determinante: era meio-dia, poucos dias depois do solstício de verão. Ela disse o seguinte sobre o evento em uma palestra nos Laboratórios de Los Alamos: "Ocorreu-me que a espiral estava lá para registrar (o solstício). Uma semana antes, a luz teria passado pelo centro. Foi uma coincidência inacreditável eu estar lá somente alguns dias depois do solstício de verão e ao meio-dia. Se eu tivesse chegado mais tarde ou mais cedo (no mesmo dia) teria perdido o evento".[21]

No ano seguinte, Sofael voltou para Fajada Butter acompanhada do físico Rolf M. Sinclair e de Volker Zinser, um arquiteto familiarizado com efeitos luminosos. Eles registraram o movimento da luz pelas espirais, começando no meio de maio, e também estudaram a superfície da rocha que modelou o raio de luz. Em 21 de junho, o raio de Sol moveu-se precisamente pelo centro da espiral maior. Então, notaram um pequeno ponto de luz muito menor à esquerda e se questionaram se também teria alguma função dentro daquele contexto. Quando retornaram no equinócio seguinte, descobriram que um dos raios de luz dividia a espiral menor em duas partes (o mesmo efeito ocorria no equinócio de primavera). No solstício de inverno, notaram que duas faixas de luz enquadravam a espiral maior, ou seja, em uma única estrutura de madeira, os astrônomos antigos descobriram um meio de registrar os solstícios e equinócios com um único efeito de iluminação.

Diversas razões levaram Sofaer e Zinser a concluir que as rochas foram posicionadas e cuidadosamente esculpidas para produzir os efeitos luminosos. Uma pesquisa geológica posterior confirmou a idéia de que os astrônomos nativos realmente tinham colocado as rochas naquela posição, ou seja, tinham claramente aproveitado as vantagens daquela situação privilegiada. "A qualidade mais notável desta construção solar", escreveu Kendrick Frazier na revista *Science News*, "... a realização dos índios, é caracterizada pela sensível integração das construções com a natureza, com a iluminação e com os padrões de ciclos solares".[22]

Chaco Canyon é a maior das centenas de ruínas espalhadas pelo sudoeste norte-americano atribuídas aos *Anasazi*, palavra Navajo que significa "os mais antigos" e que, de acordo com alguns especialistas, foram os ancestrais dos modernos índios Hopi e Zuni. A cultura complexa e muito difundida deste povo floresceu entre 400 e 1300 d.C., quando aparente-

---

21. Citado em James Cornell, *The First Stargazers*, p. 159.
22. Citado em Ibidem, p. 160.

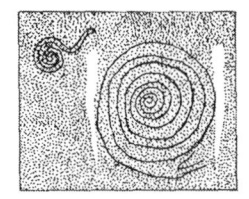

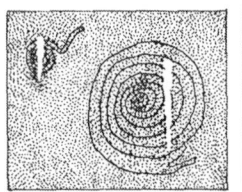

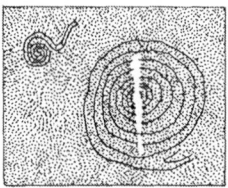

O efeito de luz e sombra nos petróglifos de Fajada Butte, em Chaco Canyon. Esquerda: solstício de inverno; centro: os equinócios; direita: solstício de verão.

mente sucumbiu, como muitas civilizações, devido à exaustão dos recursos ambientais. Este povo construiu uma notável série de estradas e centros cerimoniais, e sua sociedade, aparentemente, não tinha uma hierarquia opressiva ou uma classe dominante abastada. Embora este povo não tivesse sistema de escrita para registrar suas crenças espirituais, suas ruínas evidenciam diretamente seu profundo interesse pelo percurso solar sazonal. Casa Rinconada, *kiva* (câmara cerimonial circular subterrânea), e Casa Bonita, cidade *anasazi* que já abrigou cerca de seis mil pessoas, localizam-se perto de Fajada Butte, no monumento nacional Chaco Canyon. Casa Rinconada tem um nicho na parede iluminado pelo nascer do Sol no solstício de verão, e o canto da janela de Pueblo Bonito permitia observações do nascer do Sol no solstício de inverno. Em outro sítio, localizado no monumento nacional Hovenweep na região de Four Corners, o arqueoastrônomo Dr. Ray Williamson estudou um santuário solar que, como o sitiado em Fajada, era usado para rastrear tanto os solstícios como os equinócios. O santuário consiste em duas janelas pequenas anguladas em uma sala escura no térreo da ruína de uma fortaleza. As janelas são posicionadas de forma que, ao pôr-do-sol do solstício do inverno, o Sol aparece por uma janela e emite um feixe de luz que se reflete na parede mais distante. No solstício de verão, o Sol aparece na outra janela, e nos equinócios podem ser vistos dois feixes de luz, cada qual alinhado com um dos portais pelos quais se acessa a câmara. Uma vez que os *Anasazi* não deixaram registros escritos, não é possível determinar a natureza da celebração do solstício. Seus descendentes atuais, os índios Zuni e Hopi, praticam ritos baseados em movimentos astrológicos que, de maneira geral, datam de muitos séculos, quando Chaco Canyon era um próspero centro cultural.

Para os Zuni, o solstício de inverno é o tempo do *Shalako*, cerimônia elaborada que dura a noite toda, ainda realizada atualmente e observada por milhares de turistas, e que inclui aparições do sacerdote *Katchina*, de palhaços e dos próprios *Shalako*, efígies de cerca de 3,5 m, com cabeça de pássaro, considerados os mensageiros dos deuses. O período de ocorrência do ritual é fundamental, e no passado era uma cerimônia que estava aos cuidados do *Pekwin* ou do Sacerdote do Sol, a quem cabia a função de assegurar que a cerimônia Shalako coincidisse o mais perto possível com o *itiwanna*, o dia exato do solstício de inverno e também o dia de lua cheia.

Os *Pekwin* analisavam o Sol na alvorada e no poente, observando sua posição de aparecimento e desaparecimento no horizonte a partir de pontos de visão fixos, como a torre do Sol, ponto alto da vila ou pequeno santuário de pedras semicircular. Antes dos solstícios de inverno ou verão, o Sacerdote do Sol tradicionalmente realizava um ritual de oito dias de orações e jejuns, durante o qual ele peregrinava à montanha sagrada de Thunder e entrava em comunhão com o Pai Sol. Na nona manhã, anunciava a chegada do solstício com um chamado, que era, de acordo com o descrito pelo etnólogo Frank Cushing, em 1880, "um lamento grave, ainda que muito penetrante e harmonizado".

No entanto, os *Pekwin* não detinham o monopólio da observação do ciclo solar. Cushing notou que:

> "... eram muitas as casas Zuni com registros nas paredes ou antigas lâminas incrustadas de um lado e uma janela posicionada convenientemente do lado oposto ou pequenas perfurações que deixavam a luz do Sol nascente infiltrar-se apenas duas manhãs do ano no mesmo lugar. Estes rudes sistemas de orientação da religião, do trabalho e até mesmo da passagem do tempo eram espetacularmente confiáveis e engenhosos".[23]

O Sacerdote do Sol dos Hopi tinha funções similares às dos *Pekwin* Zuni. Durante o inverno, ele se sentava no telhado da casa do Sol, na vila de Walpi, e de lá assistia ao pôr-do-sol nas distantes montanhas de São Francisco. Quando o Sol atingia a depressão ao lado do pico localizado no extremo sul, ele proclamava o tempo da cerimônia de solstício, a noite mais longa do ano, acendendo uma fogueira.

A análise do Sol para os Hopi não se resumia somente à observação dos solstícios. As plantações, bem como o ciclo das cerimônias ao longo do ano, estavam relacionadas com a posição do Sol. Em 1931, Edmund N. Nequatewa escreveu um texto chamado *O Calendário Cerimonial Hopi*, que está no Museu de Notas do Nordeste do Arizona, que informa:

> "O ciclo das cerimônias Hopi começava no inverno. As datas de todas as cerimônias de inverno eram estabelecidas pela observação da posição do Sol, que se situava no horizonte oeste enquanto que as cerimônias de verão eram fixadas pela posição do Sol nascente no horizonte leste...
>
> A primeira das cerimônias de inverno ocorria em novembro. Quando o poente acontecia sobre determinada colina localizada

---

23. Citado em Hadingham, op. cit., p. 131.

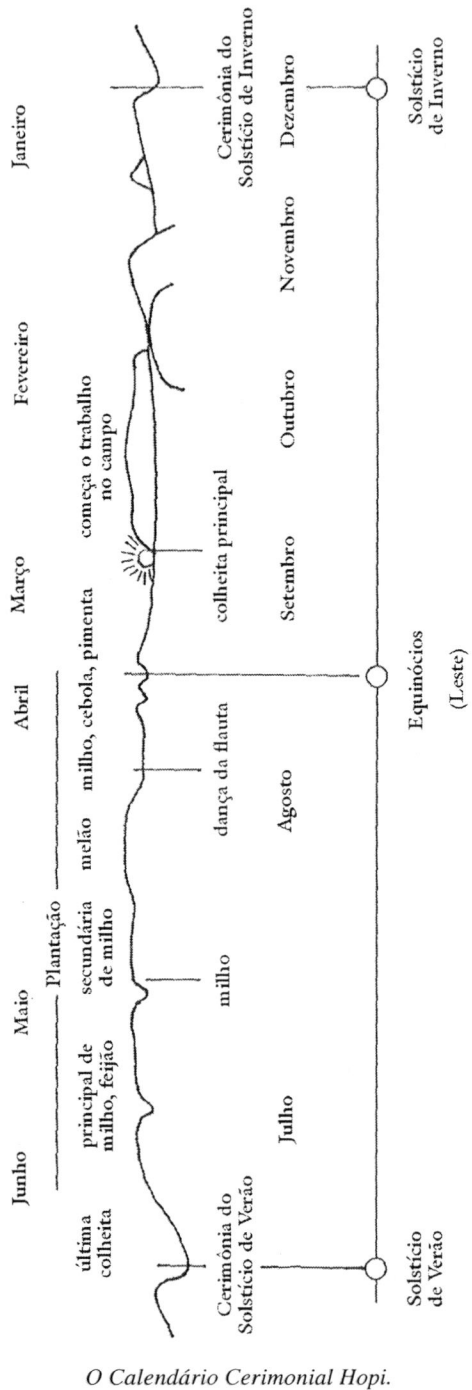

O Calendário Cerimonial Hopi.

do lado norte dos picos de São Francisco, era tempo da cerimônia *Wu-Wu-che-ma,* da qual participavam quatro sociedades...
Depois desta cerimônia, os Hopi passavam a observar o Sol no
horizonte oeste e sabiam que, a partir de determinado ponto, ele
atingiria a posição localizada mais ao sul, no período de oito dias,
e anunciavam o início das festividades deste período. Conseqüentemente, *Sol-ya-lang-eu,* a Cerimônia de Oferecimento de
Orações, era cerimônia do solstício de inverno, ocorria em dezembro e que era a mais sagrada para os Hopi. Era um dia de
benevolência, quando todos desejavam prosperidade e saúde para
os familiares e amigos...".[24]

Logo após o solstício de verão, os Hopi celebravam um festival chamado *Niman Kachina,* que simbolizava o período no qual os *kachinas,* espíritos
das forças invisíveis da vida, voltavam para o mundo dos espíritos. Quando é
solstício de verão na Terra, é solstício de inverno nos mundos baixos, e, desta
forma, é mantido o equilíbrio do Universo. A celebração *Niman Kachina* é
centralizada na cerimônia das quatro energias: a germinação das plantas, o
calor do Sol, as qualidades doadoras de vida da água e as forças magnéticas
na Terra e na atmosfera. Os Hopi usavam ramos na cerimônia, pois acreditavam possuir poderes magnéticos para atrair a chuva.

Não foi a motivação por conhecimento científico que levou os Hopi,
os Zuni e talvez os Anasazi a realizar observações precisas do movimento
solar. Os exemplos de calendários não são tentativas de dividir o tempo em
categorias precisas como passado, presente e futuro; são, mais propria-
mente, elaborações mitológicas e ritualísticas. Estas pessoas eram guiadas
por uma necessidade profunda de estar em sintonia com os ciclos cósmicos. Os Hopi viam todas as coisas da natureza em termos de princípios
complementares: vida e morte, verão e inverno, dia e noite. Acreditavam
que era seu dever manter o equilíbrio das forças da natureza e do Cosmo
pela realização de rituais. Os solstícios e equinócios eram oportunidades
especiais para os seres humanos celebrarem e reforçarem o equilíbrio.

Templos Astronômicos do México

As ruínas restauradas de Teotihuacan, a maior cidade pré-colombiana
da América e fonte de mistérios para os arqueólogos, localizam-se na direção
nordeste da Cidade do México. Não se sabe quem as construiu, que língua
falavam e para onde foram depois que a cidade foi destruída. Teotihuacan
chegou a ter uma população de 170.000 pessoas ou mais, ou seja, comparável

---
24. Citado em Beck e Walters, *The Sacred,* p. 94.

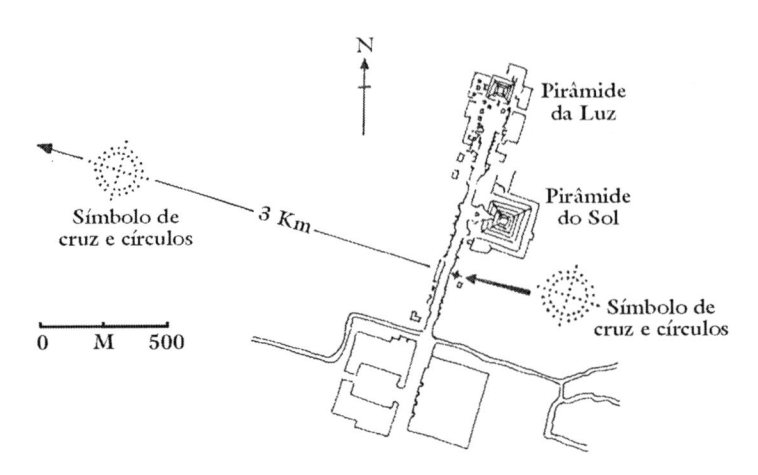

A Rua da Morte em Teotihuacan é perpendicular à linha que une os dois cruzamentos. Esta linha aponta para a posição do horizonte na qual o Sol nasce no solstício de verão.

à do Império Romano. A construção da cidade começou por volta de 200 a.C., de acordo com a maior parte dos arqueólogos (ainda que outros acreditem que a construção tenha começado muito antes disso), e, por volta de 100, teve início a construção das duas enormes pirâmides. A maior delas, a pirâmide do Sol, cobre uma área quase do mesmo tamanho do que a Grande Pirâmide de Gizé, embora se eleve até a metade da altura da estrutura posterior, cerca de 60 m. A partir de 250, a influência de Teotihuacan espalhou-se pela América Central, e outras cidades a tomaram como exemplo. Por volta de 750, a cidade foi destruída pelo fogo e abandonada, talvez resultado de invasão ou catástrofe natural.

Teotihuacan está posicionada de acordo com um padrão de grades formando ângulos retos. Este feito prodigioso de levantamento é acompanhado por marcas oblíquas e circulares entalhadas nas superfícies das rochas e no chão do templo por toda a região. O eixo de todas as demais construções, ruas, templos, banheiros públicos, quadras de jogos, casas de espetáculo e moradias é inclinado 16 graus nas direções cardinais. Qual o motivo desta orientação peculiar? A resposta parece estar no alinhamento dos ângulos retos com relação à avenida principal da cidade. No primeiro e segundo séculos desta Era, Plêiades elevava-se pouco antes do alvorecer no horizonte, do lado oeste, marcando o alinhamento de manhã em um dia do ano quando (nesta latitude) o Sol brilha diretamente sem formar sombras. Este zênite ocorre nos equinócios no Equador e no solstício de verão nos Trópicos de Câncer e de Capricórnio.

Entre o Equador e as linhas dos trópicos, as datas variam de acordo com a latitude. Ao norte ou sul dos trópicos não há zênite. O fenômeno do meio-dia sem sombras é bem conhecido, e quase todas as culturas centroamericanas conferem-lhe significado especial. Mas em Teotihuacan, o evento solar era combinado com o estelar. Na noite anterior ao zênite, Plêiades passava pelo zênite por volta da meia-noite, quando o Sol estava no anti-zênite. Como Plêiades estava a oeste, o Sol estava a leste. Quando o Sol alcançasse o zênite ao meio-dia, Plêiades estaria no anti-zênite, metaforicamente no mundo subterrâneo. Neste caso, o Sol e Plêiades representavam para os Teotihuacanos os princípios complementares universais da luz e das trevas, da vida e da morte, deste mundo e do outro.

Não há evidências de que os construtores de Teotihuacan estivessem tão interessados no dia do zênite que procurassem estabelecer a posição do Trópico de Câncer. Menos de 5 km ao norte do trópico, Charles Kelley, da Universidade do Sul de Illinois, descobriu outros símbolos de cruzes e círculos, idênticos aos encontrados em Teotihuacan, com os eixos apontando para a posição no horizonte, onde o Sol nasce no solstício de verão, no dia em que também passa pelo zênite ao meio-dia nos trópicos.

A Pirâmide do Sol indicava o equinócio. O contorno da parte mais baixa do quarto nível da pirâmide é visível a quilômetros de distância. Durante a manhã do equinócio, esta parte fica nas sombras; porém, ao meio-dia, os raios do sol a iluminam. Depois, dois dias após o equinócio, a sombra na face norte "pisca" ao meio-dia. Os arquitetos teriam de ter conhecimento e habilidade consideráveis para conseguir produzir estes efeitos.

Em 1976, Peter Tompkins descreveu em seu livro *Mistérios das Pirâmides Mexicanas* (Mysteries of the Mexican Pyramids) a história da exploração de Teotihuacano, sintetizando dois séculos de especulações sobre os construtores, sua identidade, propósitos e habilidades, apresentando as descobertas de Hugh Harleston Jr., engenheiro norte-americano que ficou fascinado pela cidade e passou anos analisando sua função astronômica e geodésica. A teoria de Harleston é que Teotihuacan foi construída seguindo unidades de medida idênticas às usadas na construção de pirâmides no Oriente (como a Grande Pirâmide) e que os construtores incorporaram nas estruturas cerimoniais números significativos relacionados às dimensões da Terra, distância orbital entre planetas, etc. Na visão dele, a cidade era, entre outras coisas, um mapa preciso do céu. Ele localizou numerosas linhas de observação unindo os templos e pirâmides pela cidade pelas quais os solstícios e equinócios devem ter sido marcados.

Não há dúvida de que o povo de Teotihuacan, como os das demais civilizações da América Central, via as luzes no céu como representantes de uma hierarquia cósmica de seres divinos. Os reis e nobres do mundo terrestre eram seus representantes instituídos, e os eventos humanos, como guerras e desastres, eram vistos como reflexos de confrontos entre os poderes cósmicos. Organizando sua cidade de acordo com o projeto celestial, realizando as cerimônias nos períodos cósmicos importantes (como os solstícios e equinócios), as pessoas de Teotihuacan buscavam estabelecer e manter o equilíbrio precário entre ordem e caos, liberdade e segurança.

Qualquer civilização se empenha na busca de tal equilíbrio, mas poucas são capazes de mantê-lo por muito tempo.

Os Observadores do Céu Maias e Astecas

Ao sul de Teotihuacan viviam os Maias nos lugares atualmente conhecidos como Chiapas, Tabasco, Yucatan, Campeche, no território mexicano de Quintana Roo, bem como na Guatemala, Belize, partes de Honduras e El Salvador. Sabemos que esta civilização sucumbiu por volta de 900 d.C., talvez devido à desintegração política e às invasões de tribos nômades. O princípio desta civilização não é certo, e os arqueólogos estimam que seja muito antigo. A estimativa atual é de 2500 a.C. Da mesma forma que o povo de Teotihuacan, os Maias eram construtores extraordinários e astrônomos sofisticados. Na verdade, seu conhecimento do céu era tão preciso e detalhado quanto o dos povos antigos, cujos trabalhos sobreviveram e foram decifrados.

Os Toltecas, que conquistaram a cidade Maia de Chichén Itzá, onde presidiram uma renascença cultural que durou até depois de 1200, tinham um calendário solar fixo de 365 dias, com um ano bissexto a cada quatro anos. Os Maias clássicos, ao contrário, usavam o dia como unidade fundamental de tempo. Sua aritmética sofisticada, pela qual computavam datas em milhões de dias, incorporava a notação de valor de posição e o conceito de zero. Usando a unidade dia, os Maias sincronizavam os meses lunares, os anos solares, as fases planetárias, os eclipses e outros fenômenos celestiais e relacionavam-nos com os eventos de sua própria história política. Desse modo, tornaram-se as primeiras pessoas do mundo a integrar o tempo celestial e terrestre em um único e compreensível sistema.

Como os Babilônios, os Maias tinham uma atitude com relação ao tempo, à astronomia e à matemática que não era exatamente científica (de acordo com o conceito moderno), e sim astrológica. Todas as suas observações eram vistas como presságios para legisladores e famílias; suas elaborações demonstravam a busca obsessiva por um sistema de números que poderia incluir tanto os movimentos de corpos celestiais como os eventos da história humana em um esquema unificado capaz de profetizar a sorte da elite abastada.

Os alinhamentos solares foram encontrados em muitas cidades Maias. Um dos mais notáveis exemplos consiste em um grupo de templos em Uaxactun, centro cerimonial na floresta da Guatemala. Se alguém permanecer no último degrau da pirâmide localizada a oeste e voltar-se para o leste, o nascer do Sol ocorre sobre três pequenas construções, igualmente espaçadas, posicionadas em uma grande plataforma de pedra. Os posicionamentos das construções do norte e do sul permitem determinação precisa dos solstí-

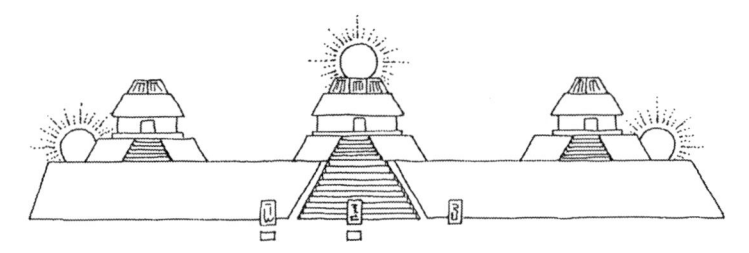

O grupo de templos de Uaxactun visto a partir de certa distância das Pirâmides do Grupo E. O nascer do Sol no equinócio aparece sobre o templo central; o nascer do Sol no solstício de verão aparece no canto do templo da esquerda; e o nascer do Sol no solstício de inverno, no canto do templo da direita. (Após Krupp.)

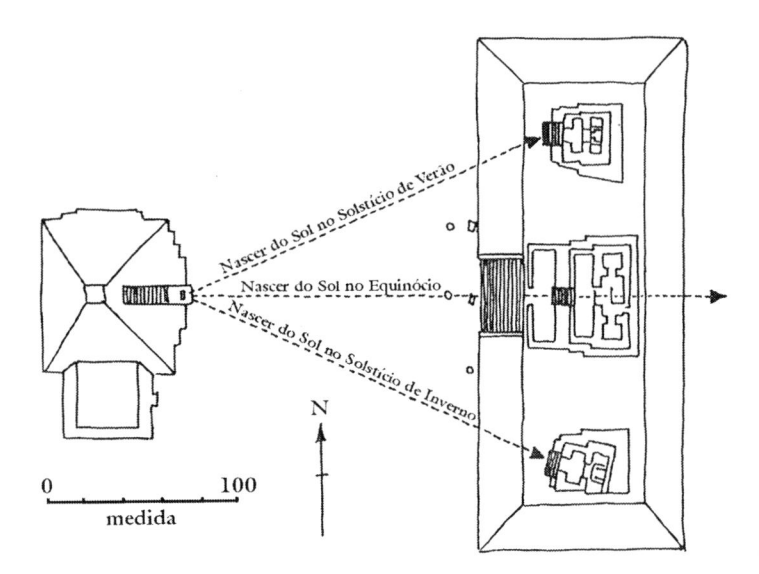

Os alinhamentos de solstício e equinócio nas pirâmides do Grupo E em Uaxactun.

cios. Nos equinócios, o Sol nasce acima do templo central. Este esquema de alinhamento foi copiado em pelo menos doze outras cidades Maias.

Um conjunto de orientações ainda mais intrigantes estava incorporado em uma torre localizada em Chichén Itzá, que parece ter sido usada como observatório, chamada Caracol, devido ao formato da escadaria em espiral. Todas as paredes, portas e janelas do Caracol são assimétricas. No entanto, se usadas como linhas de observação, é possível determinar os solstícios, os equinócios, os pontos de nascente e poente de muitas estrelas brilhantes e o planeta Vênus.

Nosso entendimento da astronomia Maia é facilitado pelo fato de tratar-se de uma civilização cuja escrita é conhecida. Além dos templos e observatórios, existem alguns poucos textos escritos em maia nativo, que registram a mitologia e visão do mundo dessa civilização. A maior parte dos textos foi tragicamente queimada durante a Inquisição. Um dos livros restantes data do período colonial e é originalmente atribuído a Chilam Balam, sábio e pesquisador legendário. Na seção de conhecimento de astronomia e prática dos Maias está registrado:

> "Quando o 11º dia de junho chegar, será o dia mais longo; quando o 13º dia de setembro chegar, o dia e a noite terão exatamente a mesma duração. Quando o 12º dia de dezembro chegar, o dia será curto, mas a noite será longa. Quando o 10º dia de março chegar, o dia e a noite terão igual duração".[25]

O tradutor Ralph Roys observa que "a data do solstício de verão indica que a passagem foi escrita em um tempo, no qual o calendário Juliano ainda era prevalecente em Yucatan".

A maior parte dos mistérios que cercam os antigos Maias está sendo esclarecida por pesquisas realizadas com os descendentes sobreviventes da América Central, que preservam a maior parte de sua herança cultural. Entre os modernos Maias, a função religiosa ou xamanista é realizada por indivíduos conhecidos como guardiões do dia ou guardiões do Sol. Uma das tarefas do guardião do dia é regular o calendário observando os solstícios e os equinócios. Perto da cidade de Nebaj, na Guatemala, o antropólogo norte-americano J. Steward Lincoln descobriu que tais observações ainda eram realizadas (como eram em 1940) com o auxílio de torres, pedras em posição reta e circulares similares às usadas no período pré-clássico da cultura Maia.

Os Astecas do sul do México imperaram durante o último e breve florescimento da civilização nativa da América Central e organizaram o que era, sem dúvida, uma das mais violentas sociedades que já existiu. O sacrifício humano era incessante nas cidades (fato reconhecido pelos Maias), e seu panteão consistia inteiramente de demônios. No entanto, sua música e poesia eram repletas de pássaros e flores mágicas. Ptolemy Tompkins sugere em seu brilhante e perturbador livro *A Árvore do Inferno: América Central e a Busca pelo Corpo Mágico* ("This Tree Grows out of Hell: Mesoamerica and the Search for the Magical Body") que a obsessão dos Astecas e Maias pela morte deve ter sido o resultado final de uma corrupção gradual do vôo estático que o xamã da tribo realizava e a busca universal para retornar ao paraíso original e ideal, abandonando a espiral da morte. Com a civilização, veio a alienação da Terra e também o sopro da renovação no corpo e espírito humanos. O sacrifício humano era uma tentativa desesperada de alcançar o mundo imperturbável que retrocedia:

---

25. Ralph L. Roys, *The Book of Chilam Balam of Chumael*, p. 86.

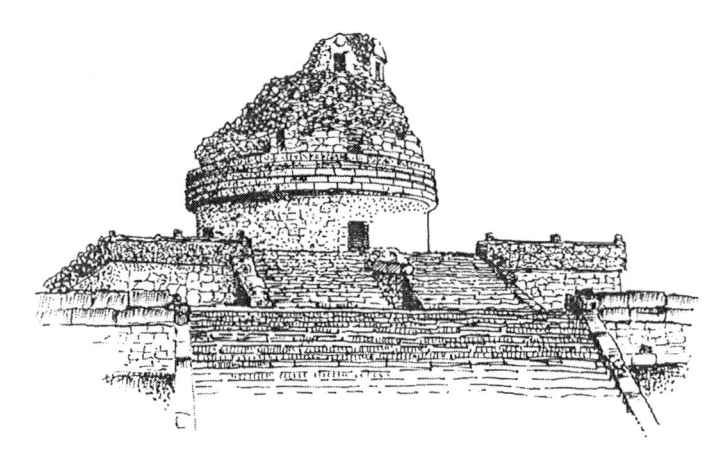

Ruínas de Caracol em Chichén Itzá.

"Considerando que os Maias pareciam ter praticado sacrifício humano primariamente como método de exaltação pessoal e individual, entre os Astecas, o sacrifício era uma entidade muito maior... Sacrifício era um princípio primário cósmico neste Universo, fator prioritário tão importante como o tempo e o espaço, e por esta razão ferramenta essencial para os humanos que desejavam entrar em contato com as forças sobrenaturais que modelavam o mundo".[26]

No tempo de Montezuma — o último governante do império Asteca ainda intacto e que morreu nas mãos de Cortez —, as vítimas sacrificiais formavam filas de mais de 1 km e no ritual tinham o coração arrancado e oferecido aos quatro pontos cardeais. Mesmo os soldados espanhóis, endurecidos após tantas batalhas, ficaram revoltados com o odor de morte, resultante da carnificina, que exalava das escadarias das pirâmides.

Se realmente os rituais metódicos que envolviam sacrifícios humanos eram a decadente expressão da reminiscência do êxtase da experiência xamanista, ocorreram em um contexto que preservou outros elementos da visão de mundo xamanista também de maneira distorcida. Como vimos, muitas pessoas seguiam a trilha dos solstícios valendo-se de recursos simples como rochas ou pedaços de madeira para marcar as posições. Os Astecas também celebravam os movimentos sazonais do Sol, mas utilizavam meios mais bem elaborados.

O foco cerimonial de Tenochtitlan, a capital Asteca, era o Templo Mayor, pirâmide rodeada por dois templos simétricos. Logo a seguir, na direção oeste, cruzando a praça, localiza-se um edifício menor, de formato

---

26. Ptolemy Tompkins, *This Tree Grows out of Hell*, pp. 60-61.

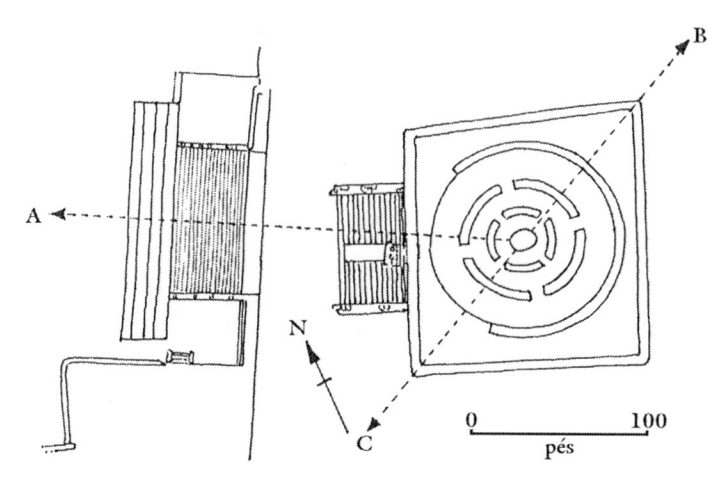

O plano de Caracol mostrando os alinhamentos: A. Pôr-do-sol no solstício de verão. B. Nascer do Sol no solstício de verão. C. Pôr-do-sol no solstício de inverno.

cilíndrico, que é o Templo de Quetzalcoatl. De acordo com o arqueólogo e astrônomo Anthony Aveni, que pesquisou o sítio, o Templo Mayor era "um funcional observatório astronômico", cujo propósito principal era anunciar os equinócios. Em certa manhã da primavera e do outono, os observadores, em pé, nos degraus do Templo de Quetzalcoatl, viram o nascer do Sol, no entalhe entre os dois templos, no alto da pirâmide localizada na direção leste.

O fato de os Astecas terem alinhado suas principais estruturas religiosas com o nascer do Sol no equinócio pode ser parcialmente explicado pelo fato de celebrarem o festival principal do deus Xipe Totec no equinócio de primavera. Pode ser que tenha outro significado: foi encontrada uma ilustração da inscrição da fundação de Tenochtitlan em 1325, no *Aztec Codex Mendoza*, mostrando uma águia usando as garras para arrancar o fruto de um cacto. A águia simbolizava o Sol, e o fruto do cacto era o equivalente ao coração humano. Na mente dos Astecas, o propósito principal dos rituais coreografados de sacrifícios humanos era *manter o Sol vivo*, e talvez percebessem os equinócios como sinais de que seus esforços resultaram em efeitos positivos.

Rituais Solares na América do Sul

A ascensão do império Inca-andino começou cerca de 300 anos antes da viagem de Colombo e tinha por base uma série de culturas nativas peruanas. Quando Francisco Pizarro chegou, no começo do século XVI, encontrou uma sociedade socialista altamente organizada que se estendia por cerca de 24 mil km do Equador ao Chile, com população estimada de 6 milhões de pessoas. Na economia Inca não existia sistema de mercado ou moeda, porém esta era administrada de forma a garantir alimentação e outras necessidades básicas para todos. Outras realizações incluíam fortalezas monumentais de pedras, pontes suspensas, extraordinário legado de plantas medicinais e alimentares (incluindo muitas variedades de batatas e milho), sistema de ruas pavimentadas e caminhos pelos quais as mensagens enviadas podiam percorrer 240 km por dia.

A divindade Inca mais elevada era a fonte de toda a vida inominável, a quem conferiram o título de *Wiraqoca* (ou *Viracocha*). Eram realizados também rituais populares para deidades como *Pachamama*, a mãe terra; *Inti*, o Sol; deuses e deusas da lua, mar e trovão. Os *huacas* tinham cerca de 300 sítios sagrados, incluindo nascentes de água, fontes, cavernas, colinas, túmulos e casas. No centro da capital do império Inca, Cuzco, localiza-se o *Coricancha* (ou Templo do Sol), orientado na direção do nascer do Sol no solstício de inverno. No santuário existente dentro deste templo estavam pendurados magníficos discos de ouro com formato de Sol.

De acordo com o mito da criação, os primeiros Incas (o jovem imperador e sua irmã-noiva) foram enviados para a Terra por seu pai, o Sol, para encontrar um lugar no qual o bastão dourado que lhes havia sido dado pudesse ser cravado no solo. Este bastão mítico provavelmente representa os raios de Sol em posição vertical perfeita ao meio-dia, no zênite.

Por volta de 1600, Garcilaso de La Veja, o filho de um capitão espanhol e sobrinho do 11º legislador Inca, compilou o *Comentário Real* sobre os Incas, no qual descreve um grupo sagrado de Colunas Solares (*gnomons*) perto de Quito. Neste local, próximo do Equador, onde no equinócio o Sol atinge o zênite ao meio-dia, de acordo com as palavras de Garcilaso referindo-se a *Inti*, "é o trono que ele mais aprecia, uma vez que se senta em posição reta". Ao norte e sul do Equador, os dias de zênite e equinócios não são sincronizados, mas os Incas, de todas as latitudes e em todas as partes dos trópicos, observavam as Colunas Solares até que "ao meio-dia o Sol batia em todos os lados da coluna e não refletia sombra... Então, adornavam a coluna com todas as flores e ervas aromáticas que encontravam, dizendo que naquele dia o Sol posicionou-se sobre ela com todo o seu esplendor".[27]

A partir do Templo do Sol em Cuzco, 41 linhas imaginárias ou *ceque* divergiam a partir de um ponto, sendo que cada qual tinha sua extensão marcada pelos *huacas*. Anthony Aveni demonstrou que um dos mais proeminentes *ceque* serviam como linha indicadora para o cume de uma colina *huaca*, que era o observatório do pôr-do-sol do solstício de dezembro (verão) do Templo Coricancha. As funções de outros *ceque*, como as famosas e misteriosas linhas da planície de Nazca, permanecem desconhecidas.

---

27. Citado em Hadingham, op. cit., p. 170.

Dois dos mais importantes festivais Incas ocorriam nos solstícios. O festival do solstício de inverno chamado *Inti Raymi* ocorria em junho; a cerimônia do solstício de verão chamada *Capac Raymi,* em dezembro. O astrônomo E. C. Krupp descrevia o rito *Inti Raymi* da seguinte maneira:

> "Antes da alvorada do dia de solstício de inverno, o *Sapa* Inca (o imperador) e os curacas (que significa os mais idosos) da linhagem real seguiam para Haucaypata, a praça cerimonial no centro de Cuzco, onde tiravam os sapatos em reverência, voltavam-se em direção ao nordeste e aguardavam o nascer do Sol. Assim que o Sol surgia, todos se ajoelhavam e jogavam beijos respeitosos ao disco solar radiante. Então, o *Sapa* Inca elevava duas taças douradas de *chicha*, a cerveja sagrada de milho fermentado, e oferecia a que estava em sua mão esquerda para o Sol. O conteúdo da taça era despejado em uma bacia e desaparecia por canais, como se o Sol houvesse consumido a bebida. Após sorver um pouco da bebida que estava na taça de sua mão direita, o *Sapa* Inca a compartilhava com os demais presentes, que o acompanhavam, e voltava para Coricancha...".[28]

Para o *Sapa* Inca, a cerimônia continuava na sala do Sol, a qual era revestida de chapas de ouro. O fogo era aceso pela focalização de raios de Sol com um espelho côncavo e seguiam-se os sacrifícios.

Durante as últimas décadas, os índios *Kogi* têm assistido a mudança de clima nas montanhas andinas da Colômbia como resultado da poluição e do desmatamento. Eles consideram a raça branca civilizada como "jovens irmãos" e têm avisado que, a menos que os jovens irmãos desistam de devastar o ambiente natural, a Terra ficará doente e morrerá. Em 1990, os *Kogi* foram tema de um documentário de 90 minutos na televisão BBC, produzido por Alan Eleira, intitulado *Do coração do mundo: O aviso dos irmãos mais velhos.* Eleira também produziu um livro sobre os *Kogi* chamado *Irmãos Mais Velhos* ("Elder Brothers").

Os *Kogi* visualizam o Cosmo como um grande fuso com nove níveis e orientado para as seis direções (para cima, para baixo, noroeste, nordeste, sudeste, sudoeste). As últimas quatro direções referem-se ao nascente e ao poente nos solstícios. Os Templos *Kogi* são modelados depois de o Universo ter sido tecido pelo fuso. O *Kogi mama* ou xamã desenha a planta do templo com uma corda e uma estaca. Ele localiza os quatro cantos da estrutura alinhando a corda com o nascer e o do pôr-do-sol nos solstícios de verão e inverno no horizonte. Ao meio-dia do solstício de junho, o Sol incide diretamente em um orifício localizado no topo do templo, que é descoberto pelo xamã especialmente para a ocasião. Da alvorada até o poente, o Sol movimenta-se por fogueiras cuidadosamente posicionadas. Os *Kogi* com-

---

28. E. C. Krupp, *Echoes of Ancient Skies*, pp. 199-200.

param o movimento do Sol ao ato de tecer. E. C. Krupp escreve: "O movimento do Sol durante o ano, de norte para o sul e novamente para o norte, é como o movimento em espiral do fuso do mundo que tece a vida em um ordenado tecido de existência, e as mudanças cíclicas diárias do caminho do Sol são transformadas em um tecido de luz no chão do templo".[29] Os *Kogi* acreditam que é dever dos seres humanos participar do processo de tecelagem e ordenar suas próprias vidas, de acordo com o processo de entrelaçamento e de urdidura do padrão universal.

Na Amazônia, os equinócios coincidem com o início das duas estações de chuva, uma em março e outra em setembro. Os índios *Desana* e *Barasana* vêem conexão entre todas as coisas que acontecem na Terra e, particularmente, a disponibilidade de peixes e animais de caça com o que vêem no céu. Eles vêem o céu à noite como um grande cérebro, com dois hemisférios divididos pela Via-Láctea. De acordo com o mito de criação dos *Desana-Barasana*, no primeiro dia, o pai Sol fertilizou o centro do mundo, onde erigiu uma coluna perfeitamente vertical. Foi neste ponto que surgiram as primeiras pessoas. O lugar onde os *Desana-Barasana* acreditam ter ocorrido este evento primordial é aproximadamente no Equador. Portanto, em todos os equinócios de primavera e verão, quando o Sol incide diretamente e um mastro erigido que não projeta sombra, os *Desana-Barasana* acreditam que os raios de Sol estão penetrando diretamente na Terra, fertilizando e renovando o mundo.

---

29. E. C. Krupp, op. cit., p. 241.

CAPÍTULO 6

Festivais do Céu e da Terra no Extremo Oriente, na Índia e na Polinésia

A China é única entre as culturas mundiais devido ao fato de sua mitologia não incluir memória de migrações de povos antigos. Os chineses acreditam que se originaram onde estão hoje e chamam sua terra de o reino do meio, o centro do mundo. Além disso, os primórdios da mitologia chinesa em vez de descreverem a criação do Universo e a origem do mal, contam sobre os primeiros imperadores a quem se deve o desenvolvimento da agricultura, a domesticação de animais e a invenção da escrita. Sua história legendária remonta cerca de 3000 a.C. Ainda que a maior parte dos ocidentais considerem os lendários imperadores como obras de ficção, o povo chinês continua a acreditar nisso e, até certo grau, justifica-se tal crença pelo fato de serem eles uma das mais antigas civilizações da Terra.

Yao, o quarto destes lendários imperadores, foi quem planejou um calendário com o objetivo de regular a agricultura. O *Livro dos Recordes* descreve instruções que "o Perfeito Imperador Yao (em 2254 a.C.) deu ao seu astrônomo para apurar os solstícios e equinócios... e fixar as quatro estações...". Desde o começo, a astrologia chinesa teve função oracular. Sacerdotes da dinastia Shang (1500-1100 a.C.) registraram observações celestiais talhadas em ossos, que depois eram expostos ao fogo para leitura das respostas às questões formuladas. Mais tarde, quando o país foi unificado pelos imperadores, a astronomia tornou-se divisão do departamento de governo e sua função era o registro detalhado dos fenômenos celestiais (particularmente dos especiais, como eclipses e cometas) e então interpretar o significado astrológico não apenas para o Estado, mas também para todos os aspectos da vida diária das pessoas.

Para a moderna ciência da astronomia, os antigos observadores tradicionais apresentam um paradoxo. Por um lado, a precisão e a persistência demonstradas resultaram na produção do mais completo e confiável registro sobre a existência de eclipses, cometas e supernovas dos últimos dois milênios. Entretanto, por outro lado, a preocupação que demonstravam com a burocracia e a mitologia os mantiveram afastados das indagações mais rudimentares sobre a mecânica solar, lunar e os movimentos planetários.

No período da dinastia Shang, de acordo com indicações de milhares de ossos descobertos e estudados com inscrições oraculares, o ano era dividido em trimestres (limitados pelos solstícios e equinócios) por meio da mensuração da extensão da sombra refletida por uma coluna solar ou mastro. A dinastia Shou, que se seguiu à Shang em 1110 a.C., deixou centenas de pirâmides no vale do rio Wei, na província de Shensi, muitas das quais parecem incorporar alinhamentos celestiais. Diversas construções são orientadas para o nascer do Sol no equinócio. Infelizmente, muito pouco é conhecido sobre a exata natureza dos rituais sazonais do período pré-imperial, porque todos os livros e registros foram destruídos em 213 a.C. por um edito do primeiro imperador, Qin Shihuangdi. Mais ou menos na mesma época, a corte imperial instituiu ritos que sofreram poucas alterações até o começo do século XX. O começo do ano situava-se no meio, entre o solstício de inverno e o equinócio de primavera em meados de fevereiro, mas

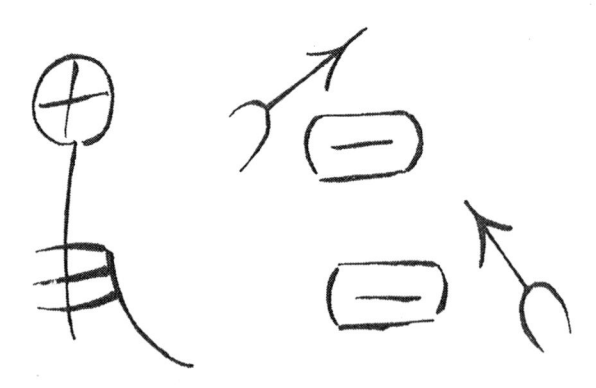

Caracteres Shang talhados em ossos oraculares. O caractere da esquerda pode representar uma coluna usada para determinar os solstícios. Os da direita podem retratar o Sol com sombras de figuras humanas mostradas em diferentes ângulos para indicar diferentes períodos do ano.

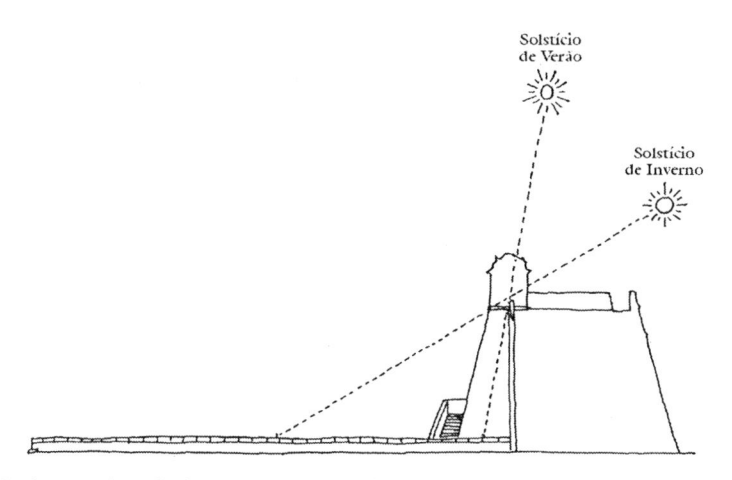

O observatório de Guan Xing Tai, em Gao Cheng Zhen, construído em 1279. A diferença dos tamanhos das sombras refletidas nos solstícios de verão e de inverno pela barra horizontal, localizada diante da torre de 12 m, permitia a mensuração precisa do ano tropical. (Após Krupp.)

os festivais significativos eram festejados nos solstícios de verão e de inverno quando, simbolicamente, o imperador renovava a ordem mundial.

Três dias antes da cerimônia de solstício de inverno o imperador começava um processo de purificação, abstendo-se de relações sexuais, de música, de certos alimentos e de outras atividades. Então, duas horas antes do nascer do Sol, na manhã do solstício, uma procissão de membros da família real, oficiais, músicos, cantores e dançarinos levavam-no ao Monte Circular, localizado no Templo do Céu em Beijing, ao sul da Cidade Proibida.

Normam Lockyer citou o relato de uma cerimônia, que foi escrito por um explorador chamado Edkins, no século XIX, quando estas cerimônias ainda eram realizadas:

> "O Imperador com sua comitiva ajoelhava-se diante da placa de Shang-Ti voltado para a posição norte. A plataforma posicionada com pedras de mármore formava nove círculos concêntricos; o círculo interno consistia em nove pedras cortadas de forma a encaixarem-se com as bordas arredondadas da pedra central, que era um círculo perfeito. Neste lugar, o Imperador ajoelhava-se e era rodeado primeiro pelos círculos dos terraços e pela muralha, e depois pelo círculo do horizonte. Assim, ele e sua corte pareciam estar no centro do Universo, e, voltando-se para o norte, admitindo a atitude de súdito, que ele reconhecia, orava por si mesmo e por sua posição, que era inferior ao céu e somente ao céu. À sua volta estavam, em ordem, um pavimento de nove círculos de pedras que representavam os nove céus,

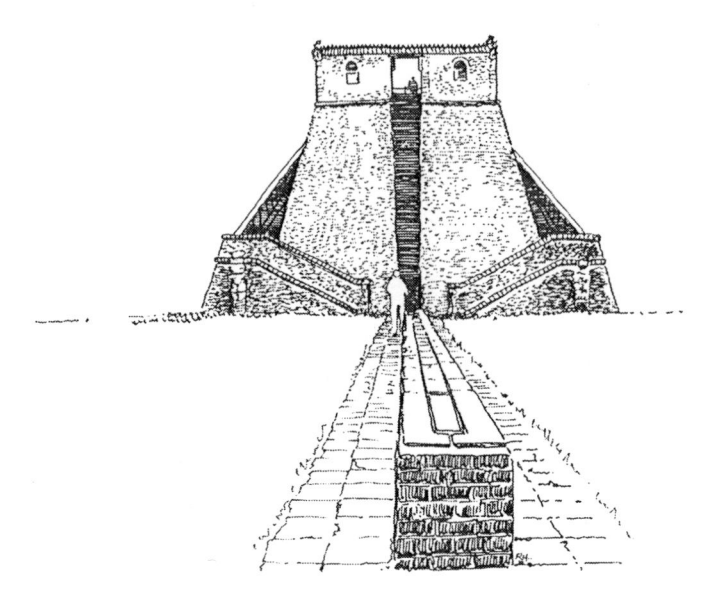

*Vista do lado sul, ao longo da sombra, mensurando a parede à torre.
A barra horizontal (reconstruída) reflete uma sombra na parede,
permitindo o cálculo exato dos solstícios. (Após Krupp.)*

depois 18, na seqüência, 27, e assim sucessivamente, em múltiplos de nove até o quadrado de nove — o número favorito da filosofia chinesa — e que completava o círculo externo de 81 pedras.

O mesmo simbolismo estava presente nas balaustradas dos degraus e nos dois terraços abaixo do altar; quatro lances, cada qual com nove degraus, levavam para o terraço intermediário onde eram colocadas as placas para os espíritos do Sol, da Lua, das estrelas e do deus do ano, Tai-sui".[30]

Depois de acender o fogo, o Imperador lia um relato dos fatos ocorridos no ano anterior e realizava os sacrifícios cerimoniais, oferecendo ao céu incenso, jade e seda. Por último, oferecia carne assada de uma vítima. Após curvar-se nove vezes para o norte, o Imperador descia a colina.

A cerimônia do solstício era um complemento do rito de dezembro. Enquanto o festival de inverno visava honrar e energizar as forças celestiais masculinas *yang* a fim de compensar a predominância natural do *yin* que ocorre naquela estação, a celebração do solstício de verão era voltada para a terra, feminina com características *yin*, para estimular aquelas forças,

---

30. Norman Lockyer, *The Dawn of Astronomy*, p. 88.

porque estavam naturalmente em seu ponto mais fraco. O rito de verão ocorria no altar da terra, Di Tan, localizado ao norte da Cidade Proibida, que era quadrado para evocar as forças terrestres, assim como o Monte Circular, por seu formato, evocava o céu. Ambas estruturas tinham escadarias que levavam a cada direção cardinal. A vítima sacrificial do solstício de inverno era queimada para que a fumaça alcançasse o céu, e a do sacrifício de verão, enterrada.

Pela participação do Imperador, em nome da humanidade, nos ritmos naturais da Terra, ele mantinha o equilíbrio saudável entre a terra e as pessoas. Acreditava-se que sua influência estendia-se ao Cosmo, pois pelo sistema chinês todas as coisas do céu e da Terra são interligadas e interdependentes.

O Crisântemo Nascente do Sol: Japão

As tradições religiosas e mítica chamadas *Shinto* (derivadas da palavra *shen-tao* que significa "o caminho dos espíritos elevados") preservam a história de dois ancestrais originais, Izanagi e Izanami, que vieram do céu para a Terra e criaram as oito ilhas do Japão e depois as várias deidades, incluindo a deusa Sol Amaterasu. Acredita-se que todos os imperadores japoneses tenham sido descendentes diretos de Amaterasu e, por causa disso, que o Japão tenha uma missão divina única na Terra. Todos os japoneses têm parentesco sagrado com o imperador, por isso todos os detalhes do relacionamento sagrado com ele e, portanto, com as várias deidades compreendem um complexo culto aos ancestrais.

A astronomia japonesa, como muitos outros aspectos culturais, foi fortemente influenciada pela China. No começo do século VII, um padre chamado Mim foi enviado para a China com a finalidade de estudar Budismo e Astronomia. Ao retornar, abriu o primeiro observatório astronômico japonês em Asuka e fundou o Departamento Imperial de Astronomia, tendo o encargo de interpretar eventos celestiais raros. Os astrólogos reais de Asuka descobriram o cometa Halley em outubro de 684, cerca de um milênio antes de Edmund Halley nascer. Alguns séculos depois, o observatório caiu em desuso e, atualmente, tudo o que resta são dois megálitos entalhados. Considera-se que uma destas pedras, que pesa 950 toneladas, tem poderes miraculosos. A segunda pedra tem uma série de sulcos na superfície que apontam em direção às posições do poente no solstício e no equinócio.

O Ano-Novo japonês era celebrado no *Toji*, o solstício de inverno, mas atualmente é realizado no dia 1º de janeiro. Particularmente nos tempos antes das guerras, a noite anterior ao Ano-Novo era marcada pela aparência de animais de cortejo (cavalos) e de deuses e deusas do mundo dos espíritos. As sociedades secretas desfilavam com máscaras, e grupos de danças iam de casa em casa agitando varas de bambu para afastar espíritos malévolos. Neste mesmo período, acreditava-se que os mortos visitavam os vivos. Era no solstício que Kami voltava ao mundo e concedia uma nova vida para o ano que começava.

Atualmente, o Ano-Novo é o mais importante festival do calendário japonês. A organização começa muitos dias antes com a preparação de comidas especiais e com a decoração das casas. As escolas fecham no solstício de dezembro e ocorrem muitos festejos. As pessoas não trabalham nos primeiros três dias do ano e, nas famílias mais tradicionais, ocorre a troca de presentes e visita a santuários.

Os japoneses também celebram os equinócios de outono e de primavera. O dia do equinócio de primavera (*Higan*) é um feriado nacional e o início do festival budista que celebra a natureza de todas coisas que vivem. No dia do equinócio de outono, as pessoas normalmente visitam os túmulos de familiares e oferecem flores e comidas aos ancestrais.

Solstícios na Índia Védica

De acordo com o *Surya Siddhanta*, texto hindu sobre astronomia, as tradições da Índia remontam de 2.163.102 a.C. Ainda que poucos arqueólogos ou historiadores aceitem este número e o considerem um dado de significado mitológico, a verdade é que a astronomia indiana consiste em uma tradição complexa e antiga.

Os astrônomos hindus falavam sobre longos períodos de tempo, os ciclos cósmicos chamados *yugas* e *kalpas* que duravam milhares, milhões e até bilhões de anos. De acordo com tais cálculos, estamos vivendo a *Kali Yuga*, que (de acordo com alguns) começou em 18 de fevereiro de 3102 a.C., uma sexta-feira, e vai durar outros 428 mil anos. A era precedente, *Dwapara Yuga*, durou duas vezes mais, e a *Treta Yuga*, que a precedeu anteriormente, durou três vezes mais. A primeira foi a *Krita Yuga*, a Era de Ouro paradisíaca na qual os humanos tinham aproximadamente 10 m de altura e viviam 400 anos. Esta Era durou quatro vezes mais do que a atual *Kali Yuga*. Em 628, Brahmagupta escreveu que um *kalpa* dura 4.320 milhões, um número que os geólogos acreditam que seja a idade aproximada da Terra. Se levarmos em conta os números científicos e míticos, vemos que estamos no fim de um *kalpa*, o que é causa de alarme, pois, de acordo com a tradição, no final de cada *kalpa* o mundo é destruído pelo fogo para depois ser recriado.

Como os babilônicos e chineses, os *Brahmin*, que eram os astrônomos, também usavam as observações celestes para fins astrológicos. A cosmologia consistia em uma Terra horizontal, com uma montanha sagrada no centro, ao redor da qual o Sol, a Lua e as estrelas orbitavam. Esta imagem mudou gradualmente como resultado da introdução dos conceitos da astronomia greco-romana. Os astrônomos *Brahmin* notaram que os equinócios ocorriam em pontos levemente diferentes do zodíaco cada ano. No entanto, não seria correto dizer que descobriram o fenômeno da precessão, uma vez que explicaram a discrepância propondo que os equinócios oscilavam de cá para lá no período de 702 anos.

Para os primeiros indianos, como para todas as culturas antigas, o céu tinha profundo significado religioso. Os antigos textos religiosos da Índia, os *Vedas*, que constituem a literatura religiosa mais antiga do mundo, identificam todas as maiores deidades com objetos celestiais. Surya, Vishnu e Varuna, por exemplo, eram todos associados ao Sol.

Talvez os elementos primordiais da prática religiosa védica consistiam em acender fogueiras sagradas e realizar uma variada e complexa agenda de sacrifícios. O propósito destes sacrifícios era a reordenação da criação e a sustentação da ordem cósmica. De acordo com P. C. Sengupta, autoridade nos princípios da astronomia indiana, "o requisito essencial para a realização de sacrifícios vedas era descobrir precisamente as datas dos solstícios e equinócios e, portanto, encontrar as estações".[31]

O calendário hindu sempre foi baseado nos ciclos da Lua. Ainda assim, em muitas partes da Índia, comemoram-se os solstícios e equinócios com festivais. Por exemplo, no norte da Índia, as pessoas saúdam o solstício de inverno com um cerimonial, soando sinos e gongos a fim de assustar espíritos perigosos, costume também muito difundido entre os indo-europeus.

No próximo capítulo, serão abordados os ritos de solstício que se desenvolveram entre os indo-europeus que migraram para o oeste e norte da Europa. Elementos da mesma tradição também podem ser encontrados no leste e no sul.

O Templo do Solstício no Sudeste da Ásia

Durante os últimos três milênios, os festivais do sudeste da Ásia sofreram influência dos costumes importados da Babilônia, da China, da Arábia e da Índia. Um exemplo da influência hindu era o vasto complexo de Angkor Wat, localizado no nordeste do Cambodja, construído durante o reinado de Suryavarman II (1113-1150) como um tributo ao deus Vishnu. Ele compreende cerca de 2 milhões de metros quadrados de templos, muralhas, galerias e pátios, todos atestando a visão da genialidade arquitetônica.

Em um artigo da *Science* de 1976, os astrônomos Robert Stencel, Fred Gifford e Eleanor Moro'n relataram os resultados de seus estudos de

---
31. Em sua introdução para Surya Siddhanta, traduzido por Ebenezer Burgess. Calcutá, 1935, p. VIII. Citado em Rupert Gleadow, *The Zodiac*, p. 142.

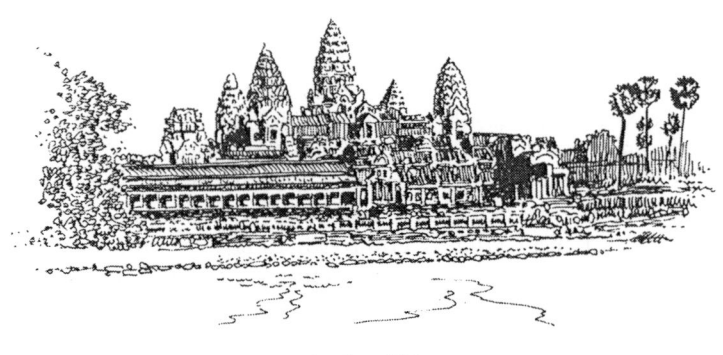

Angkor Wat

mapas e gráficos de Angkor Wat (eles foram impedidos de conduzir as pesquisas no sítio devido à guerra civil), nos quais concluíram que o templo tem "dados mitológicos, históricos, calendários codificados em suas medidas e incorpora posições para observações solares e lunares". Notaram também que "o Sol era tão importante para quem os construiu que mesmo o material e a posição da elevação do terreno eram regulados por movimentos solares". O eixo do complexo é orientado de tal modo que um observador situado no portão, voltado para a posição oeste, pode ver o nascer do Sol no equinócio de primavera por cima da torre central do complexo. Nesta mesma posição de observação, o nascer do Sol no solstício de verão ocorre diretamente sobre a mais proeminente colina no horizonte, e o nascer do Sol no solstício de inverno, sobre um templo menor localizado cerca de 5,5 km a sudeste de Angkor Wat.

No tradicional calendário cambojiano, o Ano-Novo, *Chaul Chham*, começava por volta do equinócio de primavera e era comemorado durante três dias, nos quais as atividades normais eram suspensas. Durante os primeiros sete dias do ano, não era permitido matar nenhum ser vivo, nenhuma transação comercial podia ser realizada e os litígios não eram conduzidos. O calendário dos *Khmer* (cambojianos étnicos) é lunar, e o tempo dos festivais do ano solar foram modificados, sendo atualmente celebrados no meio de abril.

Celebrações do Céu e da Terra na Polinésia

O povo da Polinésia no Pacífico abrange habitantes da Nova Zelândia, do Hawai, do Tahiti, de Samoa, da Ilha de Páscoa, de Tonga, de Cook e das Ilhas Marquesas, entre outras. Começaram a migrar do sudoeste da Ásia para Tonga há cerca de 3.000 anos. A Polinésia oriental foi fundada mais tarde pelos primeiros habitantes que chegaram às Marquesas, ao Tahiti, ao

Megalítico situado em Tonga Tabu chamado Ha'amonga'a. (Após Childdress.)

Hawai e à Ilha de Páscoa por volta do ano 700, e na Nova Zelândia por volta de 1100.

Os polinésios dedicavam-se à horticultura e cultivavam *taro* (planta tropical), *yams* (tipo de batata-doce), fruta-pão e coco. Por necessidade, também eram bons navegadores, cujas habilidades apenas agora começaram a ser estudadas pelos cientistas. Quando surgiram os primeiros contatos com os europeus, os polinésios estavam empenhados em planejar viagens de até 1.000 km. Encontravam o caminho de ilha a ilha através de um entendimento perfeito das marés, dos ventos, dos padrões de ondas e do comportamento dos pássaros, bem como do detalhado conhecimento das estrelas.

Dizia-se que cada ilha era regida por determinada estrela, o que significava que, devido à posição da ilha, tais estrelas incidiam diretamente acima dela. Era um meio efetivo de determinar a latitude. Uma vez que o navegador pilotasse sua embarcação em direção ao ponto no qual a estrela adequada incidisse diretamente, bastava seguir o curso para leste ou oeste em direção ao destino. Os polinésios visualizavam o céu da noite como o teto de uma grande casa com vigas, feixes cruzados e estrelas proeminentes nas intersecções principais. Usando este recurso, recordavam-se das posições relativas de centenas de estrelas.

Os interesses astronômicos dos polinésios não se limitavam ao céu da noite ou às necessidades para a navegação; também observavam o movimento sazonal do Sol, uma prática talvez anterior à saída da Ásia.

Em Tonga, local dos primeiros assentamentos no Pacífico, um enorme monumento coral megalítico, com um arco de 4,5 m de altura e 5,5 m de largura chamado *Ha'amonga'a*, é alinhado com o nascer do Sol no solstício de verão. Além disso, uma série de entalhes da superfície da maior pedra aponta para o nascer do Sol no solstício de inverno. No solstício de inverno (21 de junho) de 1927, o rei Taufa'ahua Tupou observou o nascer do Sol desta posição e confirmou a precisão do alinhamento. De acordo com a lenda, o megálito foi erigido pelo deus Maui com pedras do mar. No entanto, isso equivale à maneira como os nativos viam as coisas, uma vez que tinham o hábito de atribuir a Maui todos os fenômenos inexplicáveis.

Os *Maori* da Nova Zelândia personificavam a Terra e o Céu como o deus-céu *Rangi nui* e a deusa-Terra *Papa tu a nuku*. Diziam que, durante o ano, o Sol desce da cabeça de *Rangi* até os seus pés e depois volta para sua cabeça. Quando o Sol está perto da cabeça de Rangi é verão; e quando está em seus pés, é inverno. Também acreditavam que, quando o Sol está perto da cabeça de *Rangi*, ele está passando tempo com *Hine-raumati*, a virgem do Sol. Ele se afasta dela em dezembro, no solstício de verão, partindo para o alto-mar, onde vive *Hine-takurua*, a virgem do inverno, e lá permanece até o solstício em junho. Depois, volta para a Terra.

Na mitologia havaiana, o espírito da Terra é chamado *Papa*, mas o céu é personificado como o deus *Wakea* (cujo nome literalmente significa meio-dia). Os dois grandes princípios cósmicos são *Ku* e *Hina*, nomes e termos que têm significados parecidos com as palavras chinesas *Yang* e *Yin*. *Ku* e *Hina* também podem referir-se ao marido e à mulher, ao céu e à Terra, ao nascente e ao poente e às gerações que já se foram ou que ainda surgirão.

Em todas as ilhas havaianas, a terra localizada mais além, ao leste, ou seja, perto de Ku, é o ponto mais extremo, Makapuu, onde a figura mítica *Kolea-moku* (*muku*) é representada por uma pedra vermelha. De acordo com Martha Beckwith, importante pesquisadora da tradição havaiana:

> "Duas de suas mulheres, também em forma de pedras, manipulam as estações, impulsionando o Sol para trás e para frente, entre elas, nos dois solstícios. O lugar é chamado 'Ladeira do Sol' e 'Fonte do Sol', e lá, no extremo leste da ilha, onde o Sol eleva-se do oceano, seus adoradores trazem os doentes para que sejam curados".[32]

Este mito havaiano pode ser resquício de uma tradição antiga e elaborada de observações astronômicas e festivais sazonais difíceis de serem pesquisados. De qualquer forma, as três pedras sugerem um sistema de previsões como os usados na Europa e na América para determinar os períodos de solstícios e equinócios, a fim de precisar os períodos de festivais.

---

32. Martha Beckwith, *Hawaiian Mythology*, p. 119.

CAPÍTULO 7

Mitos e Rituais de Renovação do Mundo

Praticamente em todas as culturas, observa-se que os mitos e rituais dos solstícios são focalizados no tema renovação, seja de reinado, de vegetação, de pessoas, do Sol ou na verdade, do mundo como um todo. Neste capítulo será explorado mais profundamente o tema de renovação. Antes, serão abordados exemplos de ritos de solstício na África.

O Ritual de Renovação do Mundo na África do Sul

A maior parte das pessoas das Áfricas do Sul e Central pertencem a um grupo cuja linguagem é chamada *Banto*, palavra que literalmente significa *pessoas* e que é a forma combinada da raiz *ntu*, pessoa, e o prefixo plural *ba*. Existem cerca de 400 linguagens Banto, muitos dialetos, e este grupo de pessoas tem diferentes sistemas econômicos e costumes. Entre os Bantos que adotaram um sistema de liderança centralizado e monárquico estão os *Swazi*, habitantes da Swaziland, atualmente nação limitada pela República da África do Sul ao norte, ao oeste e ao sul e por Moçambique ao leste.

Do ponto de vista político, os *Swazi* são diferentes, pois seu sistema é um tipo de monarquia dual dirigida pelo rei (O Sol, o leão) e pela rainha-mãe (A Terra, a mãe do país). A estrutura do sistema social consiste em clãs e linhagens com um sistema legal muito desenvolvido e ricas tradições espirituais e esotéricas. Os principais especialistas da sociedade são os adivinhos (*tangoma*), a maior parte formada por mulheres, cujas habilidades assemelham-se às dos xamãs asiáticos e às dos curandeiros (*inyanga*) que trabalham basicamente com raízes, cascas de árvores e folhas para realizar curas.

Tradicionalmente, a força coesiva da sociedade *Swazi* era a realização anual da cerimônia ao rei, *Incwala*, que também marcava o começo do ano, e ocorria no solstício de verão (dezembro). De acordo com os *Swazi*, o objetivo do ritual era "mostrar e fortalecer o reinado". Também visava "o levante da nação".

A antropóloga Hilda Kuper presenciou as cerimônias em 1930. Ela notou que, conforme se aproximava a época do solstício, "por todo o país só se falava em um assunto: Quando a Lua e o Sol estarão alinhados?". Todas as manhãs, os mais velhos posicionavam-se no mesmo ponto, voltados para a direção leste, a fim de observar o nascer do Sol, perante características fixas do horizonte. Diziam que no solstício o Sol estava "repousando em sua noz", uma vez que os pontos do nascente e do poente pareciam ser os mesmos por vários dias, e, durante a noite, discutiam a fase da Lua e a posição das estrelas.

Os *Swazi* acreditavam que a lua cheia ou crescente trazia força e saúde, e que a pessoa sobre a qual a lua minguante brilhasse poderia ficar doente. Por esta razão, era importante que a cerimônia coincidisse não somente com o solstício de verão, mas também com um aspecto lunar favorável, a fim de garantir que o rei ficasse suficientemente forte para enfrentar os desafios do ano que chegava.

O *Incwala* estendia-se aproximadamente por três semanas e era dividido em "Pequeno *Incwala*", que durava dois dias, e "Grande *Incwala*", que durava seis dias e começava na noite da lua cheia.

Idealmente, o Pequeno *Incwala* deveria começar com a lua nova, quando o rei estava mais fraco. O objetivo da cerimônia era separá-lo temporariamente da sociedade para purificá-lo, e, em sua clausura, ele recebia tônicos fortalecedores. Uma vez que a lua nova raramente coincidia com o dia exato do solstício, os *Swazi* algumas vezes começavam a cerimônia antes do dia mais longo do ano. Como eram necessários cálculos cuidadosos, sempre havia a possibilidade de que um dia desfavorável fosse escolhido. Se a cerimônia ocorresse em um dia impróprio, poderia ser considerada uma calamidade nacional que teria de ser sanada com rituais especiais de purificação e para atrair bons augúrios.

Desde o começo da cerimônia, o rei era identificado com o Sol. Os celebrantes — seus parentes reais, conselheiros e seu regimento de guerra —, tratavam-no como fraco e debilitado. Nas casas reais, ensaiava-se músicas e danças cujo tema era ódio e rejeição ao rei.

O Grande *Incwala* ocorria 14 dias depois na lua cheia, quando o rei simbolicamente renascia e revitalizava-se. No primeiro dia, um grande número de "jovens solteiras e puras" deveria recolher galhos de uma árvore mágica que, no segundo dia, eram trazidos e apresentados ao Concílio e usados para fechar o santuário do rei.

No terceiro dia, o rei golpeava um touro negro selecionado com uma barra imbuída de poderes de fertilidade e "de despertar". Depois, as jovens puras pegavam e sacrificavam o animal. Todo este ritual era a preparação para o quarto ou Grande Dia, quando o rei simbolicamente sobrepujava a hostilidade dos principais rivais e afastava os demônios e a poluição do ano anterior:

> "Pela manhã, ele comia alimentos verdes medicinais do novo ano; sua mãe e outros eram servidos com os medicamentos classificados. Mais tarde, no mesmo dia, sob o Sol intenso, todas as pessoas vestidas com roupas *Incwala* dançavam e cantavam o *Incwala* em volta do rei. O rei os deixava ao pôr-do-sol e, quando reaparecia, estava irreconhecível como uma criatura mítica, vestido com um traje fantástico de grama verde e peles de animais selvagens poderosos, com o corpo todo brilhando com ungüentos de cor escura. Os príncipes aproximavam-se e ora o empurravam para dentro do santuário, ora suplicavam para que voltasse. Em volta, as pessoas cantavam e dançavam... A tensão aumentava enquanto ele ia e voltava".[33]

No clímax da cerimônia, o rei arremessava uma cabaça especial, que significava o ano passado, em seus guerreiros. Então, era levado, e seus trajes, removidos. Em sua cabana, sua esposa ritualística o aguardava e, quando ele chegava, o casal unia seus corpos simbolizando a fertilização da terra e da nação. O rei passava o dia seguinte em isolamento e tinha as faces pintadas de branco, imitando a lua cheia que lhe conferia vitalidade para o ano que se aproximava.

No último dia do *Incwala*, os utensílios usados nas cerimônias eram, simbolicamente, investidos de toda a maldade do reino e queimados em uma grande fogueira. Depois, o rei era banhado publicamente, e as gotas de água que caíam de seu corpo simbolizavam (e atraíam magicamente) as chuvas do próximo ano. As deficiências e mal do ano passado tinham sido expulsas, e as forças de vida, renovadas. Como disse um *Swazi*, "a vida da nação, a alma e o bem-estar estão amparados na fé e na crença de que o renascimento, o rejuvenescimento e a purificação do rei anunciam uma nova vida com mais virtude, força e unidade nacional".

Mesmo sendo claramente uma cerimônia de renovação do mundo relacionado ao solstício, os *Swazi Incwala* apresentam muitas características que parecem, à primeira vista, idiossincráticas e únicas, mas, como veremos, a maior parte destas características são, de fato, apenas versões

---

33. Hilda Kuper, *The Swazi: A South African Kingdom*, p. 70.

locais de temas universais e de costumes que persistem até agora em nossos próprios rituais. Tais considerações foram levantadas por pesquisadores e serão examinadas brevemente.

O Ramo de Ouro

O livro de James Frazer, *O Ramo de Ouro* (Golden Bough), publicado inicialmente em 1890 é, talvez, o mais ambicioso e influente trabalho jamais publicado sobre mitos e rituais antigos. O editor de uma versão resumida do original de treze volumes, respeitado mitólogo, Theodor H. Gaster, expressou sua opinião:

> "O que Freud fez para o indivíduo Frazer fez para a civilização como um todo. Como Freud aprofundou-se no comportamento humano dos indivíduos revelando o mundo subconsciente a partir do qual tudo nasce, da mesma maneira Frazer engrandeceu o entendimento do comportamento das sociedades, expondo os conceitos primitivos e modelos de pensamentos implícitos e que informam muito sobre as instituições, persistindo como elementos sublimados das culturas e dos costumes folclóricos tradicionais".[34]

Frazer considerou como ponto de partida a antiga cerimônia de emposse do sacerdote do bosque sagrado de Diana, em Aricia, às margens do Lago Nemi, perto de Roma. "A regra do santuário era que qualquer homem poderia ser o sacerdote e adquirir o título de Rei da Floresta, uma vez que fosse o primeiro a arrancar um galho, o Ramo de Ouro, de certa árvore sagrada do templo do bosque e depois matar o sacerdote. Este era o modo regular de sucessão do sacerdócio."[35]

Frazer levantou duas questões: Por que o novo sacerdote precisava matar o antecessor? Qual o significado do ramo? Os críticos de seu trabalho levantaram outra questão: Era mesmo necessário escrever treze volumes para resolver este enigma? Seus detratores declararam que *"O Ramo de Ouro era uma nota de rodapé extensa e sem conexão..."*[36], mas em consideração a Frazer deve ser enfatizado que a história do sacerdote em Nemi é somente um pretexto para uma discussão mais abrangente.

Essencialmente, o argumento de Frazer é o seguinte:

O Rei da Floresta é meramente a incorporação do espírito da natureza, um padrão de adoração universal. Frazer justificou a difusão da prática antiga do ritual de sacrifício do sacerdote ou do rei sagrado como derivada

---
34. Theodor H. Gaster, Introdução de James G. Frazer, *The New Golden Bough*, pp. XIX-XX.
35. Nota editorial em James G. Frazer, *The Illustrated Golden Bough*, Mary Douglas, geral ed., 1978, p. 18.
36. Ibidem, p. 10.

da crença do sacrifício anual da deusa da fertilidade. Acreditava-se que era por meio da morte da deusa que surgia uma nova vida. Tanto a morte da deusa como os rituais eram associados a datas sazonais significativas, normalmente os solstícios. A história do nascimento da deusa, da morte e da ressurreição segue o padrão do curso anual do Sol.

O rei também era o noivo do espírito feminino com quem ele se unia anualmente para, do ponto de vista simbólico, fecundar a terra e as pessoas. Este casamento sagrado era um costume muito comum e relacionado às práticas orgiásticas que acompanhavam a maior parte dos antigos festivais sazonais.

As sociedades agrárias e pastoris normalmente associavam a essência vital do rei ao bem-estar do reino. Portanto, se o rei apresentava sinais de debilidade, era necessário que fosse deposto ou morto. Em muitos casos, o antigo rei era substituído anualmente durante o período de solstício. Normalmente, a comunidade introduzia influências nocivas do reino na pessoa do velho rei ou em outro bode expiatório, cuja expulsão ou morte teria a função de purificar o país.

Entre a remoção de um velho rei e a entronização de outro, a comunidade desfrutava de um período de licenciosidade, no qual as regras da sociedade eram temporariamente suspensas e, em muitos casos, deliberadamente transgredidas. Senhores e servos trocavam de lugar e ninguém trabalhava.

Acreditava-se que a fertilidade ou o poder da terra se incorporasse não somente ao rei, mas também em entidades não-humanas, como certas pedras ou árvores. Normalmente, árvores grandes, belas, diferentes e situadas em locais especiais eram tidas como objetos de adoração. De acordo com Frazer, o carvalho era particularmente venerado e era costume tanto queimar uma árvore sagrada como plantar ou decorá-la no solstício de verão ou de inverno.

A Morte e a Ressurreição do Deus

Frazer identificou o ramo dourado como o visco, ao qual se atribuíam propriedades mágicas, especialmente se colhido no solstício ou no equinócio, uma vez que sua cor dourada era associada à sua habilidade de armazenar o poder do Sol.

> "O propósito de colher o ramo era assegurar a transmissão da moradia do espírito da fertilidade quando, como deveria acontecer na forma original do ritual, a árvore era derrubada e queimada. O fato de isso realmente acontecer pode ser inferido ao fato de as pessoas acenderem fogueiras tanto no solstício de verão como no de inverno."[37]

---
37. James G. Frazer para a sinopse do *The New Golden Bough*, pp. XXI-XXIV.

Os escandinavos associavam o visco a Balder, o deus da poesia e da eloqüência, filho de Frigga e de Odin. Balder era visto como a melhor das divindades. O jovem Balder teve a premonição de sua própria morte e contou para sua mãe, que pediu conselho aos outros deuses. Ela obteve a promessa de que o fogo, a água, o ferro ou outro metal, a terra ou as pedras, as árvores, os venenos, os pássaros, os animais e as doenças de todo o tipo não o feriam. Uma vez que agora ele era invencível, os deuses divertiam-se jogando coisas nele, mas Loki, um divino brincalhão, disfarçou-se de uma velha mulher e perguntou para Frigga se ela jurava que nada machucaria seu filho. Frigga admitiu que em sua busca tinha se esquecido de pedir o juramento do visco. Loki encontrou um ramo de visco, colocou-o nas mãos do deus cego Hoder e o desafiou a bater em Balder. Hoder, pensando tratar-se de uma brincadeira, arremessou o ramo e feriu Balder mortalmente. O corpo de Balder foi queimado em uma pira, e os deuses lamentaram a passagem do mais radiante e melhor dos deuses. Algumas versões da história informam que Balder foi trazido de volta à vida pelo amor de sua mãe, com suas lágrimas cristalizadas como sementes de visco. De acordo com a tradição, devido à vitória do amor sobre a morte, foi ordenado pelos seres divinos que os mortais, dali em diante, deveriam considerar o visco sagrado e que ele não cresceria sobre ou abaixo da terra, mas suspenso entre a terra e o céu.

Frazer interpretou a história da seguinte maneira: os povos antigos deveriam considerar o visco, que se mantém verde durante todo o ano, como a vida do carvalho e, conseqüentemente, também a do rei, uma vez que tanto o rei como o carvalho significavam a incorporação da vida e a fertilidade do reino, sendo, portanto, equivalentes. Assim sendo, a história de Balder deve ser considerada como um texto do drama mágico do solstício, no qual o rei era queimado, e o visco, cortado como "um rito mágico para que o sol brilhasse, as árvores crescessem, a colheita fosse bem-sucedida e para proteger o homem dos animais e das artimanhas de fadas e duendes, feiticeiras e bruxos".[38] Frazer ligava a morte de Balder ao solstício de verão, quando o visco era colhido na Escandinávia, e as fogueiras, conhecidas em sueco como fardos de Balder, acesas, representando a pira funeral do deus. O solstício de verão é o tempo no qual o Sol, de modo figurado, começa a morrer, iniciando seu sacrifício anual.

Frazer traçou paralelos entre Balder e outros deuses da fertilidade mortos-ressuscitados. Um dos mais antigos era o sumeriano Dumuzi, chamado de Tammuz pelos babilônios. Uma versão inicial do mito conta que Inanna, a Rainha do Céu, viajou para os mundos inferiores, onde morreu e ressuscitou, mas não podia voltar para a terra onde morava sem deixar um substituto em seu lugar. Os demônios dos mundos inferiores tentaram levar vários deuses para substituí-la, mas Inanna salvava a todos. Finalmente, ela retornou para a casa de seu filho/irmão/amante Dumuzi. Ele falhou em

---

38. James G. Frazer, *The Illustrated Golden Bough*, Mary Douglas, geral ed., p. 234.

demonstrar-lhe sua submissão, e ela o enviou aos demônios. Dumuzi suplicou que Utu, o deus-Sol, o salvasse, mas havia apenas um fragmento do texto e não se sabe como a história termina.

Nas versões babilônicas posteriores, o propósito de Inanna (agora chamada Ishtar) ao descer para os mundos inferiores era recuperar Tammuz, que estava morto. Ela conseguiu e retornou triunfante à terra dos vivos. A terra ficou desolada com a ausência de Tammuz e também de Ishtar: "os animais não copulavam e os homens não tomavam as virgens".[39] Gradualmente, conforme as religiões antigas foram suprimidas, Ishtar assumiu uma função mais malévola e secundária no mito, e a morte e ressurreição de Tammuz tornaram-se o ponto principal. Quando o mito foi levado para outros países, passou a ser associado a ritos sazonais envolvendo rituais de lamentação (por esta razão a referência em Ezequiel da mulher de Israel chorando por Tammuz) e celebração.

As formas fenícias e gregas do mito indicam os personagens centrais como sendo Adonis (cujo nome é um termo semita para lorde) e Afrodite. Quando Adonis era somente uma criança, a deusa Afrodite o escondeu em uma caixa que foi dada a Perséfone, a deusa dos mundos inferiores, para que ficasse seguro. Perséfone abriu a caixa e, ao ver a beleza da criança, recusou-se a entregá-la a Afrodite. As duas deusas, a da morte e a do amor, lutaram por Adonis até que Zeus finalmente interveio, declarando que o garoto deveria passar metade do ano com uma e metade com a outra. Depois, Adonis foi morto por um javali, na verdade o ciumento Ares que tomou a forma de um javali. Sua morte foi muito lamentada por Afrodite. O mito foi ritualizado e celebrado anualmente como um festival tanto no equinócio de primavera (na Fenícia) como no solstício de verão (em Attica).

Os egípcios preservaram uma tradição similar com relação ao deus Osíris, que era o deus da morte e da ressurreição e também das estações e da vegetação. Há muitas versões deste mito. Osíris normalmente é descrito como o filho do céu e da Terra, belo e mais alto que qualquer outro homem. Quando seu pai Geb foi para o céu, Osíris o sucedeu como rei e tomou sua irmã Ísis como sua rainha. Então, ensinou seus súditos a abandonarem o canibalismo e a praticarem a agricultura, a produção de vinho e a música. Além de civilizado, ele era inimigo da violência e espalhava gentileza e sabedoria onde quer que fosse. O irmão de Osíris, Set, era invejoso e conspirou para dominar o reino. Organizou um bando de conspiradores que assassinaram o amado rei e selaram seu corpo em um cofre, que foi atirado no Nilo.

O cofre foi levado para o mar e parou na costa da Fenícia, na base de uma tamargueira, que rapidamente floresceu para incorporar o cofre em seu tronco. O rei de Biblos ordenou que esta tamargueira fosse cortada e usada como coluna para suportar o teto do palácio. O tronco exalava um aroma raro, o que se tornou objeto de discussão, e logo chegou aos ouvidos

---

39. S. H. Hooke, *Middle Eastern Mythology*, p. 39.

de Ísis que, com seus poderes incomuns de dedução, entendeu imediatamente o que havia acontecido. Ela foi para Biblos, viu o tronco da árvore, tirou o cofre e o corpo de seu marido, banhando-o com suas lágrimas. Assim que voltou para o Egito com o cadáver, Set conseguiu pegá-lo e o cortou em quatorze pedaços, que foram espalhados por vários lugares. Ísis procurou e conseguiu unir os fragmentos do corpo de Osíris (exceto um, o falo) e o restaurou para a vida eterna.

O culto a Osíris dominou o Egito por muitos séculos. Assim como os seres humanos podiam ter esperança da vida eterna além-túmulo por meio de Osíris, da mesma forma, por meio dele, o Sol, as plantas e mesmo o Nilo eram anualmente renovados.

Havia uma outra forma de mito de morte/ressurreição de um deus ligado às estações entre os *Phrigians* do centro da Turquia. Attis, o protagonista desta versão, era um jovem e belo pastor que despertou a paixão do monstruoso deus Agdistis. Midas, rei dos Pessinous, procurando resolver a questão, deu sua filha Kybele em casamento a Attis no equinócio de primavera, mas Agdistis apareceu na cerimônia e deixou todos enlouquecidos na festa com a música de sua flauta. Attis, fora de si, castrou-se perto de uma árvore de pinheiro e sangrou até a morte. No lugar onde seu sangue se esparramou, nasceram violetas. Em algumas versões, Agdistis sentiu muito remorso e convenceu Zeus a trazer Attis de volta à vida três dias depois.

Frazer equiparou Kybele com a Mãe Terra. Pelo sacrifício de Attis na primavera, ele fertiliza a terra com o sangue de sua vida. Também os sacerdotes a serviço de Kybele castravam-se e esparramavam seu próprio sangue no rito anual do equinócio de primavera, deste horrível modo reforçando os laços místicos antigos entre o Sol, a sexualidade e a vitalidade da terra.

O trabalho de Frazer foi tanto criticado quanto defendido desde sua publicação. Por exemplo, segundo Frazer, os deuses de morte/ressurreição representavam o espírito da vegetação; já os atuais estudiosos tendem a vê-los, de maneira geral, como incorporação de forças divinas que animavam a terra e a comunidade. Conseqüentemente, os ritos não são meras alegorias de plantação e colheita, mas, de acordo com as palavras de Gaster, "são antes projetados para registrar os ritmos da natureza...". Entretanto, quando entendermos melhor as atitudes dos povos antigos com relação ao Sol, à Lua, à vida e à natureza, as conclusões de Frazer acerca da universalidade e similaridade entre os ritos sazonais, além da vasta documentação detalhada demonstrando as ligações entre ritos e mitos, serão certamente benéficas para as gerações futuras.

O Ano-Novo

Ao editar e resumir os treze volumes do trabalho de Frazer, Gaster reuniu meio século de novos conhecimentos para conduzir a questão do significado dos antigos festivais sazonais. Ele resumiu tais informações em uma série de notas valiosas ao texto. Nestes textos, bem como em seus próprios livros e matérias, Gaster demonstrou teoricamente que a maior parte dos rituais descritos por Frazer encaixavam-se no padrão que ele considera como sendo o mais antigo e universal dos festivais: o Ano-Novo.

"São raras as pessoas, sejam modernas ou antigas, civilizadas ou selvagens, que não observem este ritual de uma forma ou de outra. Ainda que nenhum outro festival seja celebrado em tantas datas distintas ou, aparentemente, de maneiras diferentes... Entretanto, quanto mais o examinamos, torna-se mais claro que tais hábitos que parecem à primeira vista tão diferentes e diversificados tratam-se apenas de variações do mesmo tema. Ainda que as emoções que acompanham o fato possam ter sofrido alterações e mesmo que seja um comportamento inconsciente, o comportamento moderno da noite ou da manhã de Ano-Novo ampara-se, definitivamente, nas mesmas raízes que nas comunidades primitivas."[40]

O conceito de ano é universal. Muitos povos antigos anotavam os vários ciclos da natureza, embora não similares aos padrões atuais do calendário de 12 meses contínuos. A concepção de tempo era relativa às mudanças que observavam na vegetação, no clima, no comportamento de animais, e as pessoas não tinham muita necessidade de determinar uma medida uniforme. Este fato pode ser notado mesmo entre as muitas culturas que celebravam os solstícios e os ciclos lunares. Por exemplo, os *Hopi* tinham poucos termos em seu idioma para determinar intervalos de tempo e mesmo idéias de passado, presente e futuro comuns na visão de mundo dos idiomas europeus; eram-lhes estranhas. De acordo com o lingüista Helmut Gipper, "os *Hopi* vivem no tempo e não independentemente dele; são ligados ao tempo, mas não observadores neutros do tempo físico objetivo".[41]

O termo inglês *year* (ano) é derivado de uma palavra indo-européia que significa tempo da primavera. Em algum ponto do desenvolvimento da civilização, a observação dos ciclos celestes e terrestres levaram à idéia do calendário anual e o interesse ardente por começos e fins. O que antes era visto pelos povos antigos como ritmos da natureza foi transferido para a idéia de ano. Atualmente, é difícil para a maior parte das pessoas, que vêem o Ano-Novo apenas como um período de alegria, de frivolidade e de decisões irreais, apreciar a seriedade com a qual os povos antigos viam a ocasião. Para eles, o Ano-Novo era um tempo no qual o mundo terminava e recomeçava, e para que o Sol continuasse a brilhar, a chuva a cair, as

---

40. Theodore H. Gaster, *New Year: Its History, Customs and Superstition*, p. XI.
41. Helmut Gipper em R. Pinxten, ed., *Universalism and Relativism in Language and Thought*, p. 226.

plantações a crescer e os animais a se reproduzir, os seres humanos tinham de praticar os rituais, que eram a parte que lhes cabia nos procedimentos cósmicos.

Em seu livro *New Year: Its History, Customs and Superstitions* ("Ano-Novo: sua história, costumes e superstições"), Gaster esboçou um programa de quatro partes dos rituais típicos de todo antigo Ano-Novo e de cerimônias de renovação do mundo. Este programa começa com expressões de mortificação. Quando o ano chega ao fim, a vida da terra e das pessoas está em maré baixa. Os ritos de mortificação manifestavam esta condição por meio de jejuns e outras austeridades. Não se realizavam negócios nem casamentos. O rei era deposto ritualisticamente ou mesmo assassinado, e era determinado um substituto temporário, até que fosse escolhido um outro regente ou sucessor. Normalmente, os dias da mortificação não eram considerados como pertencentes ao calendário; era como se o tempo tivesse cessado.

A comunidade, então paralisada, iniciava os ritos de purgação como modo de libertar-se de todas as influências maléficas. Os demônios eram exorcizados de variadas maneiras: pelo fogo, tocando sinos, limpando casas e templos com água ou pela substituição de objetos ritualísticos. Normalmente, um bode expiatório humano ou animal era investido de todo o mal que poderia contagiar a sociedade e conduzido para além dos limites do povoado.

Depois da purificação, a sociedade ocupava-se dos rituais de revigoramento, ou seja, procedimentos positivos de renovação da vida. Tais rituais eram realizados como combates entre as forças da vida e da morte, de verão e de inverno, das chuvas e das secas, do ano velho e do novo representadas por indivíduos ou times. Normalmente, este processo de revigorar a terra e as pessoas era acompanhado por liberação espontânea de energia sexual. O rei precedia esta descarga propositada de paixão por um simbólico casamento sagrado com uma devota.

Finalmente, todos uniam-se para celebrar os ritos de Júbilo. A ansiedade era substituída pelo alívio, e a comunidade engajava-se em festivais e folias. As forças vitais tinham prevalecido mais uma vez, e os antigos laços entre sociedade e natureza tinham sido restabelecidos.

Todos estes exemplos citados por Gaster, referentes aos rituais de Ano-Novo — *Akitu* Babilônio, *Incwala* Swazi e Inti *Raymi inca* —, estavam relacionados aos solstícios e equinócios. Os rituais da Dança do Sol entre os *Sioux* e os ritos de solstícios chineses, embora não ocorram no começo do ano, também aproximam-se do mesmo padrão.

Nem sempre o Ano-Novo foi celebrado nos solstícios e equinócios. Todas as culturas antigas viam o problema da harmonização dos ciclos da Lua e do Sol e muitas adotavam os calendários lunares ou semilunares. Os judeus, por exemplo, comemoram o começo do ano civil na lua nova de Nisã (sétimo mês do calendário israelita com 30 dias), precedendo o equinócio de primavera, e o ano religioso é mensurado a partir da lua nova de Tisri (primeiro mês do calendário israelita com 30 dias), precedendo o equinócio de outono. O calendário islâmico é completamente lunar, de forma que os meses giram em torno das estações do ano. Seu festival de Ano-Novo, chamado *Muharram,* ocorre onze dias antes a cada ano em relação aos solstícios e equinócios. Os índios nativos *creeks, cherokees* e *choctaws* da América do Norte começam seu Ano-Novo na lua cheia do fim do verão. Já os chineses começam o Ano-Novo com a lua cheia mais próxima do início da primavera.

No entanto, praticamente todas as nações que seguiram o calendário solar estabeleceram o solstício e o equinócio como princípio. A Europa medieval determinou 25 de dezembro como o começo do Ano-Novo. Depois, por volta do fim da Idade Média e até pouco tempo, o Ano-Novo foi celebrado no equinócio de primavera. A França mudou seu Ano-Novo para 1º de janeiro em 1564; a Holanda, em 1575; a Escócia, em 1660; a Alemanha Protestante, em 1700; a Rússia, em 1706; a Inglaterra, em 1752; e a Suécia, em 1753.

Outros povos (alguns dos quais existentes até hoje), como os *Chumash*, os *Hopi* e os *Inuit* da Baía de Hudson na América do Norte, os *Koryaks* xamânicos da Sibéria e os povos da Groenlândia oriental, viam o solstício de inverno como o começo do ano. Como já citado, os *Swazi* iniciam o Ano-Novo no solstício de verão.

Em nosso calendário atual, de origem romana, o Ano-Novo começa em 1º de janeiro. Os primeiros romanos celebravam o Ano-Novo em março, no equinócio de primavera, mas há dúvidas se, ao mudarem o calendário para 1º de janeiro, visavam o solstício de inverno. Quando Júlio Cesar instituiu a reforma do calendário republicano no ano determinado como sendo 46 a.C., manteve a então tradicional data 1º de janeiro que, naquela época, se desviou da verdadeira data do solstício por uma estação. Júlio Cesar adicionou 90 dias ao ano 46 a.C., de forma que 1º de janeiro de 45 a.C. ocorreu sete dias após o solstício de inverno, que caiu em ou perto de 25 de dezembro. No entanto, devido à imprecisão do calendário de Júlio Cesar, o Ano-Novo e o solstício continuaram a afastar-se, de forma que no tempo da reforma gregoriana ocorrida em 1582 pode ter ocorrido um lapso, levando a data para 21 de dezembro (no hemisfério norte).

A palavra janeiro é derivada do nome do deus *Janus* que, por sua vez, se trata de uma palavra derivada de *Janua*, que significa porta. Como a porta permite o movimento para dentro e para fora, *Janus* era retratado como tendo duas faces: uma olhando para frente e outra, para trás. Para os romanos, como para todas as pessoas, o Ano-Novo era tempo de dissipar os infortúnios das estações passadas e de introduzir energia renovada em seu mundo para os novos ciclos.

O festival romano de renovação eram as Saturnais, antigas festas em honra a Saturno (Cronos em grego), que foi o rei do mundo durante a mítica

Era do Ouro, um tempo antes da existência da agricultura em que a humanidade vivia em paz com os animais, sem guerras ou propriedades privadas. Saturnal era o maior festival do ano no império romano e celebrado em dezembro, nos dias próximos ao solstício e ao Ano-Novo. A transgressão das normas sociais exemplifica o protótipo dos ritos de Ano-Novo determinado por Gaster. De acordo com Frazer:

> "Durante a saturnal, a distinção entre homens livres e escravos era abolida temporariamente. O servo podia ralhar com seu senhor, intoxicar-se com o que havia de melhor, sentar-se à mesa com ele e não podia ser repreendido por tal conduta, enquanto em outras estações seria punido com açoites, com a prisão ou mesmo com a morte. E ainda mais, os senhores trocavam de lugar com seus escravos e os aguardavam à mesa; além de preparar a mesa, também limpavam tudo depois que os escravos tinham se alimentado".[42]

O rei da saturnal era escolhido ao acaso e presidia a folia, emitindo ordens divertidas e lúdicas aos seus súditos temporários. Em alguns locais, o rei cômico terminava seu reinado cortando sua própria garganta no altar do deus Saturno, após tomar para si as ofensas da comunidade.

Por outro lado, a ocasião era muito afortunada; eram distribuídos presentes, as pessoas vestiam suas melhores roupas, as aulas eram suspensas, ocorriam banquetes, a decoração era feita de flores e folhagens, as guerras eram adiadas e as liberdades sexuais, permitidas. Embora o festival apresentasse uma reputação de licenciosidade e permissão para embebedar-se, a intenção da saturnal era relembrar o tempo histórico real existente antes da invenção das leis e da propriedade privada, quando todas as pessoas eram iguais e viviam perto da natureza.

Este capítulo começou com informações sobre os ritos de solstícios africanos, o *Incwala* de *Swazi*, e terminou com o festival romano, a Saturnal. Ainda que o Império Romano e a *Swaziland* pareçam ter pouco em comum do ponto de vista cultural, a comparação entre ambos os mitos apresenta muitas similaridades. Tanto um como o outro centralizam-se na morte-ressurreição do rei, visam fertilizar o reino, o que é obtido pelas danças e orgias sexuais, e ocorrem perto do solstício. Outro ponto em comum é que ambos servem para livrar a comunidade do mal do passado. No próximo capítulo será visto como estes fatores inclusos nos rituais ainda persistem.

---

42. James G. Frazer, *The Illustrated Golden Bough*, p. 189.

CAPÍTULO 8

Os Solstícios na Europa

Conforme explicado no capítulo anterior, os romanos antigos celebravam o solstício de inverno em 25 de dezembro, no dia seguinte à culminação da saturnal. Era natural que enfatizassem o solstício devido à importância do Sol na religião.

O Sol ou o deus-Sol era um antigo culto romano, provavelmente do tempo dos etruscos. Em 10 a.C., Augusto substituiu a prática oficial do Sol pela prática da deidade grega Apolo (que tinha suas próprias associações solares), mas como os limites do império avançavam na direção leste foi inevitável que a adoração do Sol pelos sírios e iranianos influenciassem a contraparte indígena romana. Por volta de 200, o imperador Severo identificou-se com o Sol e conferiu-se o título de *invicto* (invencível), um epíteto muito comum aplicado ao Sol. As razões disso eram evidentemente políticas. Naquela época, o império tinha anexado inúmeros idiomas, tribos e religiões étnicas e, portanto, era necessário um ponto de união. Além do mais, muitos imperadores agiram de modo tão insensato ou cruel que, para as pessoas comuns, seria difícil levar a sério o dogma oficial de que o imperador era uma deidade encarnada. O Sol, que inerentemente desperta a adoração, serviu como símbolo ideal ao redor do qual foi possível consolidar o poder temporal e religioso do Estado. Conseqüentemente, no ano de 274, o imperador Aurélio escolheu 25 de dezembro — data tradicional do solstício de inverno —, como o dia do festival do Sol Invicto.

Naquela época, uma das religiões estrangeiras que estava ganhando muitos seguidores em Roma era o culto iraniano a Mitra. Segundo a lenda, Mitra foi enviado à Terra pelo Supremo Deus da Luz para matar um grande touro, cujo sangue era a fonte de toda a fertilidade. Somente os homens (a maior parte soldados romanos) participavam do ritual. Exigia-se que os neófitos passassem pelo batismo e realizassem ações de auto-sacrifício e coragem, progredindo por sete estágios de iniciação. Dizia-se que este processo visava a purificação natural do caráter, levando, finalmente, ao estado incondicional que a alma conhecia antes do nascimento. Ao alcançar o sétimo grau, o iniciado era visto como uma encarnação do divino.

O evento central do mito, matar o touro cósmico, era visto como o maior da história do mundo: o ato da criação no começo dos tempos e a redenção ao seu final. Os seguidores encenavam o drama sacrificando um touro durante a noite em uma caverna ou gruta. Esta cerimônia era vista como a celebração da união dos opostos: vida e morte, primavera e outono, começo e fim. Esculturas e pinturas mostram que da ferida no torso do touro saem grãos e sementes.

Acreditava-se que o nascimento de Mitra tinha sido assistido por pastores. Quando seu período na Terra já estava chegando ao fim, ele e seus discípulos compartilharam a última ceia, comemorada em comunhão com pão e vinho. Mais tarde, foi dito que o herói não havia morrido, mas sim retornado ao céu, e seus seguidores acreditavam que ele viria novamente para a Terra no final dos tempos, e então os mortos ressuscitariam dos túmulos para o julgamento final.

O dia sagrado de Mitra era o dia-Sol, um fato que, sem dúvida alguma, foi observado pelo imperador Aurélio que, vendo tantos soldados sendo iniciados nos cultos iranianos, deve ter pensado: Por que não consolidar a adoração a Mitra com a do Sol Invicto? Assim sendo, Aurélio declarou dia 25 de dezembro o dia oficial do festival de nascimento do Sol e também de Mitras.

Por volta do quarto século, uma seita judaica radical intitulada *Cristãos* tornava-se um problema para as autoridades romanas. O imperador Constantino reconheceu que a melhor maneira de evitar a crise era aceitá-la, ou seja, tornar o Cristianismo uma religião estatal, sendo ele mesmo a autoridade suprema. Os cristãos aceitaram e realizaram algumas revisões em seus ritos e crenças. Antes, o sabá era o dia de Saturno, mas pelo bem da união Constantino o transferiu para o dia do Sol, o festival tanto do Sol como de Mitras. Isso foi aceitável para os cristãos, uma vez que, afinal, a ressurreição de Cristo ocorreu em um domingo, um dia depois do sabá judaico (sábado), após a Páscoa. Além disso, por volta do ano 360, o festival do Sol e de Mitra de 25 de dezembro tornou-se o principal festival cristão, o dia da comemoração do nascimento de Jesus. A data foi aprovada pelos cristãos, pois, antes de mais nada, ninguém sabia a data certa do nascimento de Jesus e depois porque o solstício de inverno sempre foi uma data de renovação, o tempo de renascimento do Sol e da luz. Logo, nada melhor que usar a mesma data para celebrar o nascimento da verdadeira luz espiritual do mundo! Ainda que o solstício não ocorra há séculos em 25 de dezembro, devido às imprecisões dos calendários, os cristãos celebram o Natal neste mesmo dia até hoje.

Dessa forma, observa-se que há uma perpetuação dos rituais e costumes mais relacionados aos festivais antigos e, particularmente, aos festivais de solstício do que ao Jesus histórico ou à doutrina cristã. Durante a Idade Média, os cristãos continuaram a adotar datas relativas aos festivais pagãos em seu calendário, seguindo o padrão típico de supressão inicial violenta dos rituais indígenas e depois de aceitação, uma estratégia similar à adotada pelo imperador Constantino. Foi assim que o ritual de adoração à deusa Terra celta tornou-se o culto à Virgem Maria, e a celebração da Ressurreição começou a ser chamada de Páscoa após *Eostre*, uma deusa grega da fertilidade e da luz.

A história de violenta destruição das tradições dos povos antigos pelos representantes da Igreja, primeiro na Europa e depois nas Américas, na África, na Ásia e na Australásia, merece estudos detalhados, muitos dos quais já realizados.[43] No entanto, a lealdade às tradições antigas pode ser observada em muitas igrejas medievais européias construídas e orientadas para o nascente do Sol nos solstícios. A basílica de Vezelay, na França, construída no século XII, é um destes exemplos, pois no solstício de inverno feixes de raios de Sol atravessam diretamente as janelas superiores da nave e iluminam a parte superior das colunas, e no solstício de verão, de acordo com William Marlin, "os raios de Sol fluem para o interior da nave e criam rastros precisamente no declive central".[44]

Sobrevivência dos Festivais Antigos nos Costumes Cristãos

No calendário romano, o primeiro dia de cada mês era chamado *Calendas* (palavra da qual se derivou calendário). As calendas de janeiro, que iniciavam o ano novo, eram ocasiões de grandes festividades. A descrição destas calendas pelo sofista grego Libanius do quarto século foi citada por muitos autores de livros sobre as origens dos costumes cristãos por razões óbvias:

> "O impulso de gastar apoderava-se de todos... As pessoas não apenas eram generosas consigo como também com seus colegas. Um fluxo de presentes vazava por todos os lados... O festival das Calendas bania tudo o que estivesse ligado ao trabalho e permitia que todos apreciassem um período de divertimento despreocupados. Com relação aos jovens, estes se afastavam

---

43. Veja Margaret Murray, *The Witch-Cult in Western Europe*.
44. Willian Marlin, "When Ancient Basilica Becomes a Sundial".

de seus dois piores medos: dos professores e dos métodos pedagógicos severos... Outra importante qualidade do festival era que este ensinava aos homens a não se manterem tão agarrados ao dinheiro, mas reparti-lo e deixá-lo passar para outras mãos".

A palavra escandinava *Yule* (*Jul* em dinamarquês) anteriormente denotava Natal e ainda é usada no idioma inglês e em países do norte da Europa. A derivação do verbete é incerto, ainda que possa ser proveniente da palavra anglo-saxônica *hweol* ou *wheel* (roda), referindo-se, talvez, ao curso do Sol nos solstícios e equinócios. De qualquer forma, muitos historiadores sugeriram que o termo originalmente deve ter designado o festival de solstício germânico. Pode ser que as doze noites das festividades *Yule* coincidissem com os dez dias nos quais os pontos de nascer e pôr-do-sol pareciam parados no extremo sul do horizonte.

Os povos germânicos comemoravam os festivais sazonais com fogueiras, danças e sacrifícios. As fogueiras do solstício de inverno visavam promover o retorno do Sol, queimar as más ações da comunidade e defender-se dos espíritos demoníacos. A tradição de queimar determinado tronco (o *Yule*) na noite de Natal era praticada em toda a Europa, desde a Escandinávia até a Itália. Na verdade, as palavras que denominavam Natal para os leto-lituanos significava, literalmente, *Log Evening* (noite do tronco). Este tronco era considerado em muitos lugares com o fogo primordial do deus-Sol. Em certas partes da Alemanha, era costume colocar o tronco de madeira na fogueira e retirá-lo antes que fosse totalmente queimado. Este tronco era preservado durante o ano devido às suas propriedades mágicas e protetoras. Suas cinzas eram enterradas embaixo de árvores frutíferas ou usadas como vermífugos para curar os rebanhos ou proteger as casas dos relâmpagos.

Na Inglaterra e na Escandinávia, o *Yule Log* era normalmente substituído por uma grande vela, que deveria queimar durante todo o dia. Se a vela apagasse por qualquer razão, era considerado um sinal de morte ou de falta de sorte. A cera da vela era mantida por ter propriedades mágicas, particularmente se misturada à terra na primavera seguinte ou para alimentar pássaros.

As comunidades locais pré-industriais elegiam um personagem excêntrico, chamado Lorde da Desordem, para presidir as festividades natalícias. Aos pseudopotentados permitia-se certo desregramento, mesmo na casa real e nas casas dos nobres, que se entretinham em banquetes e jogos. Para as classes mais baixas, a instituição do Lorde da Desordem era, além de fonte de alegria e de brincadeira, também um modo de zombar da nobreza. A pessoa eleita para esta posição geralmente favorecia toda a sorte de travessuras — quanto mais louca, melhor —, normalmente enviando seus súditos para missões impossíveis ou impiedosas, satirizando as autoridades civis e religiosas, tudo isso mantendo sua impunidade. No século XVI, John Stubbs escreveu *Anatomia dos Abusos* ("Anatomie of Abuses") censurando:

"As ignóbeis autoridades uniam-se para escolher o grande capitão da desordem a quem conferiam o título de Lorde da Desordem. Eles marchavam com seu séquito em direção à igreja e à praça que a rodeava tocando flautas, tambores, com suas danças grosseiras, balançando as barrigas, agitando lenços acima de suas cabeças como loucos, com seus cavalos de brinquedo e outros monstros entre a multidão...".

Naturalmente, o Lorde da Desordem era uma regressão ao rei da saturnal. Tanto na Inglaterra como em Roma ele oferecia aos nobres e às pessoas comuns a chance de satirizar as convenções da sociedade, recordando uma Era de inocência, na qual todos eram livres e iguais.

Mais tarde, Oliver Cromwell, na Inglaterra, e Cotton Mather, em Massachusetts, proibiram a celebração do Natal. Mather enfureceu-se com toda a "folia, jogos de dados, cartas, fantasias e disfarces". Nesta época, as pessoas da Nova Inglaterra foram proibidas por lei de comemorar o dia. A lei foi revogada em 1681.

A Árvore Sagrada

"Desde o começo dos tempos", segundo Frazer, "a adoração às árvores teve função importante na vida religiosa dos povos europeus". Praticamente toda a Europa era formada por uma única floresta primitiva (da qual sobram apenas poucos quilômetros quadrados atualmente). O divino, em sua miríade de formas, era celebrado em cantos, danças e profecias em bosques sagrados. Os templos dos druidas e dos germânicos eram florestas naturais. As próprias árvores eram vistas como cheias de espírito, e muitos povos antigos derrubavam árvores somente em caso de extrema necessidade. Os *dyaks*, os chineses, os *ojibways*, os abissínios e os povos da Nova Guiné (entre muitos outros) tinham todos a tradição de evitar causar danos em árvores verdes ou carregadas de frutas, pois acreditavam que, da mesma forma que um animal ou ser humano, as árvores sentiam dores, sangravam e gritavam de indignação. Além disso, acreditava-se que era possível o espírito de uma pessoa avivar uma árvore.

Muitas destas considerações propiciaram a sobrevivência das árvores até pouco tempo. Na Suécia, ainda no século XIX, praticamente cada fazenda tinha uma árvore ancestral, cujo crescimento e bem-estar eram barômetros da saúde de tudo o que crescia na fazenda.

No passado, quando a Europa era habitada por tribos que mudavam de lugar, era costume construir colônias em grupos, e a central era chamada cidade-mãe. No centro de cada clareira, era deixado um grupo de árvores dominado por determinada árvore maior ou mais bela conhecida como árvore-mãe.

Tanto os escandinavos como os povos da Ásia Central consideravam o Universo uma grande árvore com o eixo da Terra em seu tronco. As estrelas eram luzes em seus galhos, e os mundos inferiores localizavam-se nas raízes. Tais idéias referentes ao mundo como árvore podem também ser encontradas entre os nativos da América do Norte, da China e da Índia.

A primeira árvore de Natal é associada à lenda de São Bonifácio (antes conhecido como Wynfred) e à conversão dos germânicos ao Cristianismo. Conta-se que o comandante local chamado Gundhar estava para sacrificar seu filho mais velho aos deuses na noite de Natal. Um grande carvalho, consagrado à deidade escandinava Thor, deveria ser a cena para o ato. Bonifácio empenhou-se para evitar o sacrifício destruindo a árvore e, provando assim, que o deus pagão era desprovido de poder, mas quando deu um golpe uma vez com o machado, um vento muito forte derrubou o carvalho. A multidão reunida, surpresa, pediu que Bonifácio proferisse a palavra de Deus. Apontando para um pequeno pinheiro que crescia por perto, ele lhes contou que aquela era a árvore sagrada do Cristo criança. "Reúnam-se não nos bosques, mas em suas casas", disse Bonifácio; "lá não haverá derramamento de sangue, mas presentes amorosos e luzes de bondade". A história, que é quase universalmente reconhecida como de autenticidade duvidosa, serviu como propaganda para persuadir gerações de europeus a deixar de lado suas tradições antigas de adoração à árvore, preservando um resíduo da tradição de forma cristã inócua.

De acordo com outra lenda, Martin Luther perambulava durante a noite de Natal sob um céu cheio de estrelas brilhantes. Ao retornar para casa, trouxe consigo um pequeno pinheiro. Ele plantou o pinheiro e acendeu velas para lembrar suas crianças de como Cristo, a luz do mundo, gloriosamente iluminou o céu na primeira noite de Natal.

A verdadeira lenda da origem da árvore de Natal, ainda que esteja perdida na história, seguramente deriva de costumes cristãos e não-cristãos. Ramos e coroas de sempre-vivas eram usados pelos romanos nas saturnais e nos festivais do solstício de inverno durante vários séculos. Guirlandas de arbustos, junípero louro e pinheiro decoravam casas e locais públicos devido à sua beleza e aroma. Alecrim e sempre-viva, algumas vezes chamadas ervas-do-Sol, eram usadas principalmente no solstício de inverno. No período medieval, era encenada uma peça sobre o paraíso com Adão, Eva, a serpente e duas árvores na noite de Natal. A lenda contava que, quando Adão deixou o Éden, trouxe consigo um broto da árvore do conhecimento, a partir da qual brotou a árvore, cuja madeira foi usada para construir a cruz de Jesus. A árvore do paraíso sempre foi mencionada como uma possível precursora da árvore de Natal.

Ainda que não seja tão importante pesquisar a história da primeira árvore de Natal, é possível traçar notáveis pontos de mudança na evolução do cerimonial: no século XVII, na Alemanha, com as primeiras descrições de "pinheiros nas salas de Strasbourg, nos quais estavam pendurados rosas de papel de muitas cores, maçãs, doces, peças brilhantes, açúcar, etc."; na Inglaterra, em 1840, quando o príncipe alemão Albert plantou uma árvore em seu palácio para sua esposa, a rainha Vitória; e, atravessando o Atlântico, em 1845, quando um livro para crianças chamado *Kriss Kringle's Christmas Tree* foi aclamado como o livro de Natal que mais influenciou os Estados Unidos, espalhando a moda pela América.

O Solstício Xamanista

A origem de outra importante lenda do Natal, Santa Claus, é bem conhecida. Novamente, brilha um pouco da tradição pagã nos primórdios de um costume moderno. O nome *Santa Klaus* é derivado (no holandês, Sinter Klaas) do alemão, equivalente a São Nicolau. Os fatos históricos sobre o turco São Nicolau, bispo de Myra no século IV, indicam que ele era aparentemente famoso por sua generosidade anônima, especialmente para com os jovens. Provavelmente por esta razão ele se tornou, mais tarde, o santo patrono dos meninos. De qualquer forma, a lenda diz que em uma noite ele colocou dinheiro nas meias das filhas de um fidalgo pobre. Gradualmente, as festividades de São Nicolau, comemoradas em 6 de dezembro, foram transferidas para o Natal, e nos países germânicos as crianças associavam a figura de barbas brancas com indumentária diferente às festividades das noites de Natal.

A imagem moderna de São Nicolau deriva também de outras fontes: um personagem lendário germânico chamado Knecht Ruprecht viajava de cidade em cidade, no Natal, testando os conhecimentos das crianças sobre orações. Se elas passassem no exame, eram recompensadas com frutas, nozes e pão de gengibre, que ele carregava em um saco, e caso não fossem diligentes, ele brandia um bastão de punição.

Na Inglaterra, por volta do século XIV, era costume de Natal um senhor idoso, de barbas longas e brancas, visitar casas usando uma coroa de azevinho, mas o Papai Noel, ainda que muito divertido, não tinha as qualidades mágicas nem o trenó puxado por renas tão adorado pelas crianças atualmente. Era um personagem da literatura, não do folclore.

Washington Irving reuniu as tradições primitivas compondo a figura do moderno Papai Noel. Em 1809, ele escreveu *Father Knickerbocker's History of New York*, onde descrevia um personagem que viajava em trenós e pousava nos telhados trazendo presentes para as boas crianças.

Ainda que a imagem familiar do Papai Noel tenha origens recentes, a idéia de um homem bondoso, com barbas longas e brancas, que vivia no pólo norte e voando de maneira mágica por todo o mundo tem ressonância com tradições culturais mais antigas.

O Natal, como vimos, esteve associado, desde o princípio, ao começo do solstício de inverno, período no qual os xamãs e sacerdotes de todo o mundo realizavam os rituais de renovação. O tema da renovação, inevitavelmente, retomava a idéia de celebração do paraíso original ou Era do Ouro, na qual a natureza, o Cosmo e a humanidade estavam em perfeita harmonia. Estas associações são claras na crença sérvia de que na noite de Natal, exatamente à meia-noite, o mundo é subordinado ao paraíso, e, na tradição bretã, que os animais falam (poder que tinham na Era do Outro segundo relatos de muitas culturas). De acordo com os antigos gregos, Cronos, o rei do mundo durante a Era do Outro, teria vivido no pólo norte. As crenças sobre os xamãs de praticamente o mundo inteiro, da Austrália à África, da Ásia às Américas, informam que estes são capazes de voar e de mover-se de acordo com sua vontade entre vários reinos espirituais e materiais da existência.

Reunindo todos estes elementos, observa-se que, embora seja impossível traçar uma conexão direta entre a tradição xamanística e Papai Noel, a idéia, entretanto, pode ter sido formulada utilizando-se memórias e crenças coletivas, talvez até mesmo provenientes do período paleolítico. Segundo E. C. Krupp:

> "Se a árvore cósmica nos aponta o caminho para o céu todo Natal, Papai Noel compreende em si a idéia do vôo mágico de um xamã. Algumas vezes é dito que o próprio xamã é responsável por levantar a árvore de Natal que chega ao céu no pólo. O Papai Noel desce pela chaminé e depois volta pelo mesmo caminho. Nossas chaminés, como um eixo cósmico, o levam de um reino para outro. Deve haver também alguma coisa mágica relacionada ao saco de presente que ele carrega para distribuir às crianças do mundo. O saco é como um *sampo* ou o moinho mágico que podia moer suprimento ilimitado de alimento, dinheiro, sal, e estava associado ao eixo do mundo. Além do mais, como os deuses e espíritos, Papai Noel é imortal. Sua atividade concentrava-se na noite crítica que antigamente era o solstício de inverno".[45]

A maior parte dos elementos da moderna celebração do Natal (exceto as poucas que abordam especificamente as histórias bíblicas do nascimento de Jesus) deriva dos festivais antigos, de tradições e de crenças relacionadas às árvores sagradas, à renovação do mundo, ao êxtase xamanista e à dança sazonal do Sol e da Terra. A comemoração de Natal suplantou a de solstício, absorvendo seus emblemas superficiais, ignorando ou suprimindo muitos de seus significados centrais.

Atualmente, como há mais conhecimento disponível sobre tradições de povos antigos, muitos cristãos estão compreendendo que o conteúdo das antigas celebrações não contradiz o espírito de sua fé. Afinal, Jesus não

---

45. E. C. Krupp, *Beyond the Blue Horizon*, pp. 302-303.

disse absolutamente nada sobre erradicar os festivais antigos; amava a natureza e pedia para seus discípulos procederem como crianças, imitarem as flores e aos pássaros sem se importar com o amanhã e abandonarem os tesouros terrenos. Na verdade, dois dos mais sensíveis pensadores da teologia cristã moderna, Matthew Fox e Thomas Berry, estão defendendo o retorno aos valores inerentes das religiões naturais antigas como modo de salvar a ecologia do planeta Terra e destacar a instituição eclesiástica.

Talvez haverá um tempo em que a paranóia religiosa e a ética da conquista irá, ao menos, dar espaço à humildade ante a vida — atitude fundamentada e apoiada por todos os mestres espirituais da história. Quando chegar este dia, acharemos muito o que celebrar na simples e profunda mensagem que as plantas, os animais, a Terra e o céu têm a oferecer.

O Solstício de Verão

Enquanto o solstício de inverno é um símbolo de morte e de renascimento, uma ocasião de esperança, o solstício de verão é realizado com traços de tristeza.

É um tempo de abundância, de prazer e de fertilidade. As noites são curtas e os dias, longos: a natureza está em seu máximo. A partir desse momento em diante até o solstício de inverno, a luz diminuirá e as trevas aumentarão até que a promessa de primavera e plenitude do verão afastem os aromas do outono e os primeiros ventos frios do inverno.

As comemorações das tradições do solstício de inverno continuam sendo realizadas como Natal e Ano-Novo, e os antigos ritos de solstício de verão praticamente desapareceram das culturas modernas do hemisfério norte (Europa e América), embora nos tempos antigos as comemorações do solstício de verão sempre foram mais proeminentes. Por que as comemorações do dia do solstício de verão foram esquecidas e negligenciadas?

Tendo em vista a perspectiva histórico-econômica, a resposta é simples: do mesmo modo que o solstício de inverno, o solstício de verão foi, há muito tempo, incorporado ao calendário cristão, neste caso como as festas de São João. Da mesma forma que João foi o precursor e profeta de Jesus, também o solstício de inverno anuncia a nova estação. Pius Parsh, na obra intitulada *The Church's Year of Grace*, chama a festa de São João de "estrutura básica do ano eclesiástico... É um tipo de advento... uma antecipação jubilosa da proximidade da salvação".[46] O florescimento da sociedade industrial, a aceleração dos requisitos profissionais, bem como o compasso geral, contribuíram para que os dias comemorativos dos santos fossem esquecidos. O calendário da Idade Média incluía cerca de 150 festi-

---

46. Pius Parsch, *The Church's Year of Grace*, v. 4, p. 204.

vais. Atualmente, permite-se aos trabalhadores a comemoração de cerca de 12 feriados oficiais, a maior parte dos quais originalmente seculares. No entanto, somente a Páscoa e o Natal são suficientemente importantes para merecerem o destaque de feriados.

Assim, a partir da perspectiva que reconhece profundas mudanças no centro de gravidade mítico das culturas, há pelo menos outra razão para o esquecimento dos ritos do solstício de verão: o solstício de inverno sempre foi visto como um festival do céu e do Sol e dos princípios divinos masculinos, enquanto os solstícios de verão eram festivais da Terra e do divino feminino. É amplamente reconhecido que a civilização ocidental suprimiu sistematicamente o feminino, saqueou a Terra e, ao mesmo tempo, exaltou o masculino, forçando a promoção de religiões relacionadas aos deuses celestes. Não é de admirar que os grandes festivais de adoração à Terra, incluindo, além do solstício de verão, as datas comemorativas de maio e as celebrações da lua cheia, foram esquecidos pela maioria das pessoas. Conseqüentemente, para os que se interessam por reparar a degeneração cultural do feminino e a atitude calculada que isso representa com relação à natureza, a redescoberta da observação do solstício de verão deve ser vista com especial interesse.

As Flores do Solstício de Verão

Na Europa pré-industrial, a maior parte dos curandeiros eram mulheres, e as tradições de cura valiam-se de ervas. A ligação tradicional da mulher com o reino das plantas data do período Paleolítico, quando os homens começaram a se especializar na perigosa e gloriosa atividade da caça, deixando para mães, irmãs, esposas e filhas as funções de cuidados com a terra, da plantação e da colheita de raízes, sementes e frutos. Da mesma forma que o homem desenvolveu rituais mágicos para apaziguar, agradecer e influenciar o espírito dos animais, as mulheres desenvolveram laços com o manancial de conhecimentos práticos sobre ervas, que foi passado de geração a geração, de mãe para filha. Esta tradição incluía métodos de colheita, de extração de ervas naturais para dores, tônicos, antiespasmódicos, remédios para febre, indigestão, contracepção e infecções. No século XII, Hildegard de Bingen escreveu um manual de ervas e outros métodos naturais de cura chamado *Liber Simplicis Medicinae*, no qual descreve propriedades curativas de 213 plantas e 55 árvores. Este livro tornou-se a base do cultivo e do tratamento com ervas da medicina moderna do Ocidente. Entretanto, logo depois de sua publicação, começou a inquisição instituída pela Igreja Católica, e, durante este período, foram executadas cerca de nove milhões de mulheres acusadas de feitiçaria que simplesmente queriam mostrar o conhecimento e a prática de métodos tradicionais de cura.

Sendo o solstício de verão um tempo do ano em que as energias femininas da Terra estavam no auge, era, de acordo com Frazer, "o dia principal para a colheita de ervas especiais pelas quais se poderia combater as ervas daninhas, curar inúmeras doenças e proteger as pessoas contra feitiçarias e encantos".[47] Frazer cita dezenas de tradições relacionadas às plantas ligadas à observação do solstício de verão, mas trata-se apenas de reminiscência da tradição antiga existente antes da Inquisição.

Com a erva-de-são-joão, colhida no solstício de verão, eram feitas guirlandas ou coroas (dizia-se que São João usava uma coroa desta erva na floresta onde morava). É uma planta alta, com tronco liso, folhas verde-escuras e com face inferior algodoada. Esta erva ainda é usada para reumatismo, como tônico e estimulante do sistema nervoso, para febres e tremores frios. Dizem que as folhas secas e trituradas induzem a sonhos particularmente vívidos.

A verbena cresce ao longo das estradas e em pastagens ensolaradas. Era colhida após o pôr-do-sol da noite do solstício de verão e colocada em infusão em água por uma noite; depois da secagem, era moída e usada como enfeite em volta do pescoço.

Os antigos viam a verbena como afrodisíaco. Esta planta também era usada em sacrifícios (o nome em latim, *Verbena*, era um termo que designava plantas de altar em geral). Os druidas, os magos e o feiticeiros valorizavam muito a verbena, e os curandeiros viam suas propriedades como adstringente, diaforética e antiespasmódica. Era usada para fortalecer o sistema nervoso e ao mesmo tempo aliviar o estresse.

A erva-de-são-joão era normalmente colhida no solstício de verão quando florescia. Frazer observa que "com pétalas amarelo-brilhantes e com um conjunto de estames dourados, pode muito bem passar por uma minúscula cópia da terra do grande Sol que atinge o ponto culminante no céu nesta estação".[48] O nome botânico *Hypericum* deriva da palavra grega que significa "superior ao fantasma", referindo-se à crença de que a planta era tão poderosa, que os espíritos malignos a temiam e apenas o aroma dela bastava para que fugissem apavorados. Tem ainda propriedades sedativas, de redução da dor e de efeito antiinflamatório. O óleo cura queimaduras provocadas pelo Sol.

Acreditava-se que à meia-noite do solstício de verão floresciam samambaias que logo depois espalhavam sementes. Quem as colhesse receberia poderes e conhecimentos miraculosos, mas a pessoa deveria tomar cuidado para não tocar a planta mágica com as mãos, pois ela desaparecia como uma névoa. Cada uma das muitas variedades de samambaias tinha propriedades únicas.

---

47. James G. Frazer, *The Illustrated Golden Bough*, p. 229.
48. James G. Frazer, *The New Golden Bough*, p. 230.

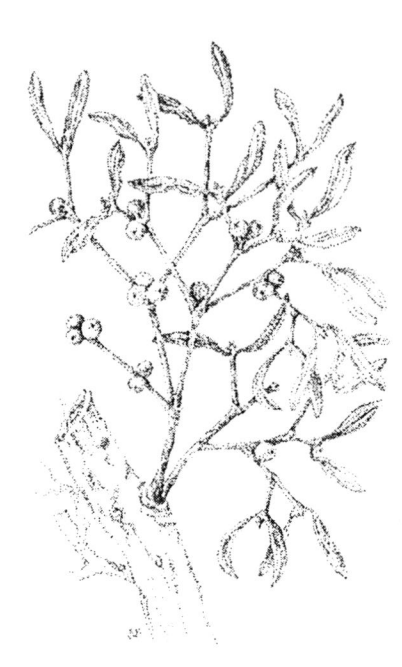

*Visco (*Viscum album*)* 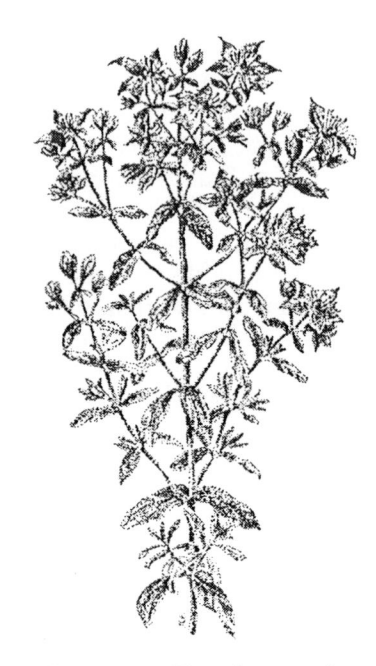   *Erva-de-são-joão (*Hypericum perforatum*)*

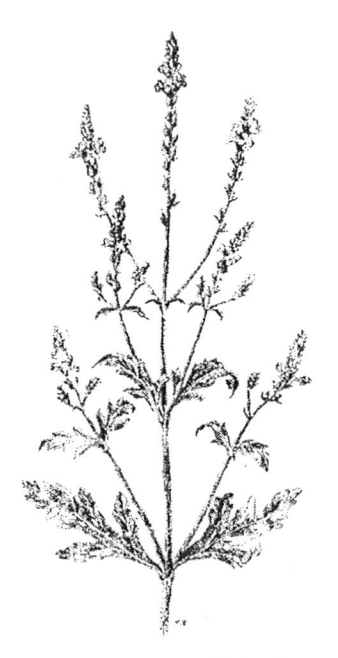

*Verbena (*Verbana officinalis*)* 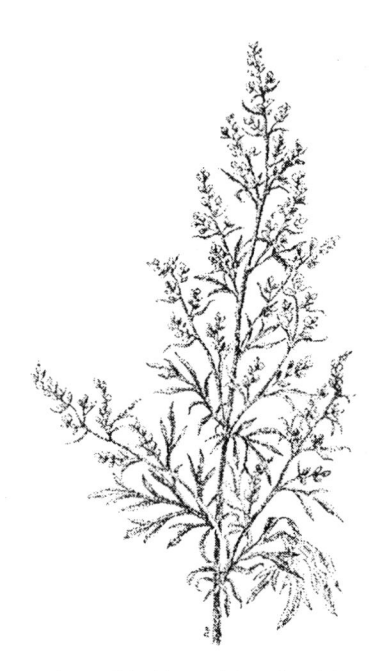   *Artemísia (*Artemisia vulgaris*)*

Por toda a Europa existia uma tradição de que um galho de aveleira cortado na noite do solstício de verão poderia ser usado como bastão para a descoberta de tesouros e de água. Outras ervas associadas ao solstício de verão incluíam a camomila, o gerânio, o tabaco, a arruda, a menta, a férula, e todas as ervas aromáticas atiradas nas fogueiras eram um sinal característico dos festivais.

As Fogueiras do Solstício de Verão

Em seu livro *Earth Wisdom* ("A Sabedoria da Terra"), Dolores LaChapelle descreveu uma experiência que contribuiu para sua emergente conscientização da natureza e significado dos antigos festivais sazonais:

> "Há alguns anos, na Europa, acampamos para escalar o Matterhorn. Estávamos lá no solstício de verão. Todos os alpinistas saíram ao anoitecer para esperar ansiosamente o crepúsculo. Então, de repente, avistamos, em uma montanha distante, uma fogueira acesa. Acendemos uma onde estávamos e logo outra fogueira brilhou no vale. Foi uma cerimônia comovente naquele sem-fim de pedras e neve. Perguntei aos outros alpinistas suíços o que significavam aquelas fogueiras e eles disseram: 'é o que fazemos na noite de São João'".[49]

O que LaChapelle observou era um resquício moderno de um dos rituais de solstício de verão mais antigos e universais. Frazer escreveu muitas páginas em sua obra *The Golden Bough* para exemplificar estes rituais e indicou que o solstício de verão não era somente o principal festival do fogo indo-europeu "como também o mais sagrado e difundido de todos os festivais anuais celebrados pelos primitivos arianos na Europa".[50]

Um poema do século XVI, escrito por Thomas Kirchmeyer, descreve o festival do fogo daquela época:

> *E jovens giravam com as virgens, bailando pelas vias,*
> *Enfeitados com guirlandas de artemísia e verbena,*
> *Violetas nas mãos e muitas outras flores lindas de aromas doces.*
> *Carinhosamente pensavam que quem quer que parasse e*
>   *jogasse as flores observando a flama, seus olhos*
>   *estariam livres das dores.*
> *E tendo dançado até a noite, o fogo amainando,*
>   *com mentes esforçadas correram e lançaram*
>   *todas as ervas.*

---

49. Dolores LaChapelle, *Earth Wisdom*, p. 169.
50. Citado em James G. Frazer, *The New Golden Bough*, p. 710.

Então, com palavras devotadas e preces
começavam solenemente,
Clamando a Deus que seus males fossem consumidos
E assim, naquele ano, estariam livres de todas as febres.[51]

As fogueiras do solstício de verão acesas na Dinamarca e na Noruega tinham por objetivo banir as doenças dos castelos. Na Áustria, as pessoas lançavam discos acesos no ar. Os alemães mantinham a mesma tradição representada pelo poema acima; usavam coroas de artemísia e de verbena e olhavam a fogueira entre galhos de delfínio, pois acreditavam que isso garantiria a saúde de seus olhos. Ao afastar-se da fogueira, atiravam as ervas no carvão dizendo: "que minha desgraça afaste-se e seja queimada nesta fogueira".

Na Boêmia, os meninos iam de casa em casa colhendo galhos e ramos, e as meninas faziam grinaldas e ramalhetes. Depois, meninas e meninos ficavam em lados opostos da fogueira que acenderam olhando uns para os outros pelas grinaldas para ver se seriam fiéis e quem se casaria com quem. Então, cada menina jogava sua grinalda para seu namorado. Quando as chamas estavam mais baixas, os casais davam as mãos e saltavam três vezes sobre a fogueira. As grinaldas chamuscadas serviam como proteção contra enfermidades e tempestades durante todo o ano.

Nas Ilhas Britânicas, as fogueiras de solstício de verão eram acesas em todas as áreas nas quais as antigas tradições celtas eram mantidas, principalmente na Irlanda, em Wales e em Cornwall, bem como na maior parte do interior da Inglaterra. Na Escócia, os vaqueiros, carregando tochas, cavalgavam três vezes ao redor dos currais para purificar e proteger os animais.

Na Espanha, em São Pedro Manrique, as pessoas ainda acendem fogueiras na noite do solstício de verão, a partir das 18 horas. Por volta da meia-noite, as cinzas são espalhadas formando um tapete de cerca de 3 m e alguns centímetros de profundidade. Homens e mulheres descalços caminham pelas cinzas, cada qual carregando uma outra pessoa nas costas. Quando cada pessoa começa a caminhar, o silêncio é total, e, ao final do percurso, todos aplaudem. "Nenhum sacerdote participa do evento", segundo Jacqueline Simpson em seu relato *Mitologia Européia* ("European Mythology"):

"possivelmente em sinal de desaprovação, mas todos os demais representantes participam liderados pelo prefeito, pelo Conselho e por três jovens com trajes elaborados chamadas *Móndidas* (as puras), escolhidas entre as virgens locais. Na manhã seguinte ao dia de São João, as *Móndidas* levam pesados cestos de

---

51. Ibidem, p. 737.

pães decorados para serem benzidos na igreja e depois carregam os cestos na cabeça pela cidade. Enquanto isso, o prefeito e o Conselho circulam pela cidade e, em seguida, presidem as corridas de cavalos na praça. Ao meio-dia, as *móndidas* trazem de volta os cestos de pães para a igreja onde todos acompanham a missa. À tarde, as *móndidas* recitam um longo poema patriótico sobre a derrota dos mouros em 844 e passam o resto do dia dançando".[52]

O costume de acender fogueiras no solstício de verão não é apenas comum na Europa. É também comum no norte da África, o que é notável, pois, como já vimos, o calendário islâmico é inteiramente lunar e independe das mudanças de estações, o que sugere que as comemorações já eram tradicionais antes da conversão.

Os rituais do solstício de junho eram comuns nas Américas, como já foi visto em capítulos anteriores, mas os invasores europeus trouxeram seus próprios costumes, os quais foram impostos aos nativos. No Brasil, a prática de saltar sobre a fogueira é bastante popular. Frazer escreveu que, em La Paz, Bolívia, "os índios das cercanias têm satisfação de acender fogueiras em locais muito altos e que poderiam ser considerados inacessíveis", então "as trevas noturnas são súbita e simultaneamente iluminadas por centenas de fogueiras que projetam resplendores nos objetos que as rodeiam, produzindo um efeito ao mesmo tempo sobrenatural e pitoresco".[53]

A Noiva do Solstício de Verão

O solstício de verão é um tempo em que a natureza transpira abundância e, portanto, as pessoas inevitavelmente o associam à fertilidade e a sexualidade. Junho é ainda o mês mais popular para casamentos, ainda que a maior parte das culturas tenham esquecido as antigas cerimônias de casamento simbólico que no passado ocorriam tanto na primavera como no solstício de verão.

Na Suécia, a noiva do solstício de verão escolhia um noivo de brincadeira, e os membros da comunidade angariavam fundos para os noivos, que eram vistos como casados. Os jovens da vila também podiam escolher um noivo ou noiva temporário.

Na Sardenha, uma ilha italiana, estes casais de solstícios de verão eram vistos como casais de São João, e nas celebrações havia potes de grãos para enfatizar a conexão entre a sexualidade humana e a fertilidade da natureza. O ritual começava em março, quando um jovem da vila apre-

---

52. Jacqueline Simpson, *European Mythology*, p. 136.
53. James G. Frazer, *The New Golden Bough*, p. 716.

sentava-se a uma garota pedindo que ela aceitasse ser sua *comare* (comadre) e oferecendo-se para ser seu *compare* (compadre). Normalmente o convite era aceito. Algumas semanas depois a garota preparava um pote de cortiça, no qual plantava trigo e cevada. No solstício de verão, a planta já estava se desenvolvendo, e as cabeças de grãos já tinham se formado. Desse modo, o casal vestia suas melhores roupas e caminhava até a igreja acompanhado de uma parada de adultos e de crianças. Chegando na igreja, atiravam o pote contra a porta, sentavam-se formando um círculo e faziam um piquenique de ovos, ervas e passavam um copo de vinho. Após a refeição, davam as mãos e cantavam a música *Casais de São João* (*Compare e comare di San Giovanni*) acompanhados por flautas. Depois, dançavam em círculo até a noite.

Frazer mencionou que, quando nossos ancestrais praticavam tais rituais,

> "estavam fazendo alguma coisa mais importante do que meramente encenar uma peça pastoral para uma audiência rústica. Realizavam rituais mágicos sérios para o crescimento e a multiplicação da grama, dos cereais, e para que as flores desabrochassem... Da mesma forma, podemos assumir com alto grau de probabilidade de que os excessos comuns nestas cerimônias não eram acidentais, mas parte essencial dos rituais e que, na opinião dos que o realizavam, o casamento de plantas e árvores não poderia ser fértil sem a real união sexual dos humanos".[54]

Esta opinião de Frazer aborda a discussão da dinâmica da sexualidade sagrada, assunto que tem sido tratado com inteligência e visão em tempos mais recentes por Dolores LaChapelle e George Feuerstein.[55] Os taoístas chineses e os iogues vêem a sexualidade ritualizada como um caminho para desenvolver a essência da vida e de promoção de iluminação espiritual por movimentos ascendentes de energias sutis pela espinha dorsal. De acordo com LaChapelle:

> "O sexo ritualizado tanto nas sociedades primitivas como no taoísmo é proveniente de raízes inteiramente diferentes do que as atividades sexuais nas culturas ocidentais, na qual a ênfase sempre esteve na reprodução. Nas culturas posteriores, a ejaculação masculina é muito importante, pois é ligada à fertilidade e ao ego masculino. Já no sexo ritualizado, o interesse principal é o aprimoramento dual, os laços com o grupo e com a natureza".[56]

Os antigos acreditavam que, quando um casal está equilibrado do ponto de vista energético e sintonizado durante o intercurso prolongado e extático,

---

54. Ibidem, p. 125.
55. Dolores LaChapelle, *Sacred Land, Sacred Sex*; Georg Feuerstein, *Sacred Sexuality*.
56. LaChapelle, op. cit., p. 263.

transmite uma influência harmonizadora que se estende para a sociedade e a natureza. Também acreditavam que tais influências harmonizadoras eram particularmente necessárias e efetivas quando céu e Terra estavam em seus extremos, ou seja, nos solstícios.

Enterro do Carnaval: os Funerais de Escárnio do Solstício de Verão

Na Rússia czarista, o solstício de verão era marcado pela confecção de uma efígie de palha de um ser chamado Kupalo ou Kostroma. As pessoas vestiam este boneco com roupas femininas e o adornavam com um colar e uma coroa de flores. Depois, cortavam uma árvore, enfeitavam-na com fitas e a colocavam em local propício. A árvore recebia o nome de Marena (inverno, morte). Perto desta árvore, colocavam o boneco e uma mesa com alimentos e bebidas. Depois, os habitantes acendiam uma fogueira e os jovens homens e mulheres saltavam sobre ela, segurando o boneco. No dia seguinte, retiravam os enfeites e jogavam o boneco e a árvore no rio.

No distrito de Murom, a multidão reunida era dividida em dois grupos que lutavam entre si, um grupo atacando e outro defendendo a efígie. Eventualmente, os atacantes ganhavam e estraçalhavam o boneco, enquanto os defensores fingiam chorar e lamentar a morte de Kostroma. Em outros lugares da Rússia, uma tradição similar envolvia a figura conhecida como Yarilo, que era colocada em um caixão e acompanhada pelas mulheres, que choravam. Costumes similares também existiam na Áustria e na Alemanha onde eram conhecidos como "o enterro do carnaval" ou "afastando a morte".

A questão central destes rituais, de acordo com Frazer, era celebrar o solstício de verão e lamentar-se pelo Sol.

> "... o declínio do verão é contado a partir do dia do solstício após o qual os dias tornam-se mais curtos e o Sol começa sua jornada descendente — para o desfiladeiro das sombras onde o frio do inverno repousa. Este ponto decisivo do ano, quando se pode dizer que a vegetação compartilha a incipiente, ainda que quase imperceptível, decadência do verão, pode muito bem ter sido escolhido pelo homem primitivo como momento adequado de refugiar-se nos rituais mágicos pelos quais ele tinha esperanças de deter o declínio ou, ao menos, de assegurar o reflorescimento da natureza".[57]

---

57. James G. Frazer, *The New Golden Bough*, p. 231.

Sem dúvida alguma, os povos antigos encontravam significado no fato de que, no pico de luz e de vida marcado pelo solstício de verão, estava a semente da morte, das trevas e do declínio, enquanto o contrário acontecia no solstício de inverno. Talvez por este motivo comemorassem com a profusão de flores, fogueiras, casamentos e funerais. Tratava-se de uma celebração da transformação. Frazer sugeriu que "... acreditava-se que as flores, bem como as fogueiras do solstício de verão, transferissem para a humanidade parte do esplendor da luz e do calor do Sol, e que este poder acima do normal os protegeria por certo tempo e permitiria a descoberta e a cura de doenças, além de afastá-los de todas as coisas maléficas que ameaçam a vida do homem".[58] No solstício de verão, na exuberância das flores, do fogo, do sexo e da morte, as energias são liberadas, aproxima-se o momento de transformação e o céu e a Terra unem-se por um momento. Assim, a vida continua.

---

58. Ibidem.

CAPÍTULO 9

O Significado dos Solstícios

Os solstícios são essencialmente eventos cósmicos-terrestres significativos e, ao mesmo tempo, símbolos poderosos dos profundos processos de transformação da psique humana e coletiva.

No âmago dos antigos festivais de solstícios encontrava-se uma profunda consideração pelos ciclos. Cada ciclo, seja um dia, um ano, a duração de toda uma vida humana ou a vida de uma cultura, tem um começo, um meio e um fim e é seguido por outro. A sabedoria consiste em reconhecer o lugar que se deve ocupar em cada ciclo e que tipos de ações (ou restrição de ações) são apropriadas para cada fase. O que pode ser construtivo em determinada época pode ser destrutivo em outra.

Este tipo de sensibilidade aos ciclos de mudança serviu de base para a antiga filosofia chinesa incorporada no I Ching, *O Livro das Mutações*. Temos, por exemplo, o hexagrama chamado *Fu* (O retorno ou ponto de transformação):

"O tempo das trevas passou. O solstício de inverno traz a vitória da luz... Após um tempo de declínio, chega o ponto de transformação. Retorna a luz poderosa que tinha sido banida. Existe o movimento, mas este não é induzido pela força... o movimento é natural, origina-se espontaneamente. Por esta razão, a transformação do velho torna-se fácil..."

A idéia do *retorno* é baseada no curso da natureza. O movimento é cíclico e o curso se completa. Conseqüentemente, não é necessário acelerar nada artificialmente. Tudo chega por si mesmo no momento apropriado. Este é o significado da Terra e do céu... O solstício de inverno sempre foi celebrado na China como período de repouso do ano... No inverno, a energia da vida... ainda está no subsolo. O movimento está apenas no começo; portanto, precisa ser fortificado pelo repouso para que não se dissipe sendo usado prematuramente... O retorno da saúde após a doença, do entendimento após a estranheza: tudo precisa ser tratado com ternura e cuidado no princípio para que o retorno leve ao florescimento".[59]

Enquanto alguns ciclos do desenvolvimento humano, das estações e dos movimentos da Lua e do Sol são óbvios, outros são sutis. Além do mais, tendemos a estar conscientes dos ciclos, à medida que prestamos atenção e mudamos com eles. Como visto, as culturas antigas participavam dos ciclos sazonais que modelavam suas vidas diárias e calendários anuais. No mundo industrial moderno há mais conhecimento disponível sobre o movimento dos planetas, dos ciclos bioquímicos das plantas, dos animais e da fisiologia humana e mesmo assim nosso conhecimento é inútil; observamos rigorosamente a dança da vida, mas nos esquecemos de seguir o ritmo.

Os povos antigos acreditavam que era perigoso e insensato ignorar os ciclos. Talvez agora podemos perceber que estamos descobrindo esta verdade da maneira mais difícil. Em muitas áreas dos assuntos humanos, convencemo-nos de que deve ocorrer crescimento constante; nossa população aumenta; nossa economia deve se expandir; a civilização precisa propagar-se; a tecnologia precisa ficar cada vez mais complexa e proliferar-se. Qualquer que fosse a situação, estava decidido que retração significava desastre e agora, mas expansão e crescimento também significam desastre. Seria possível que este dilema, com o qual nos deparamos, fosse resultado, ao menos em parte, de nossa ignorância com relação aos ritmos naturais?

Renovação do Mundo

Nas mais diversas culturas, o solstício sempre foi ligado à idéia de renovação do mundo, ou seja, ao entendimento de que a determinados intervalos tanto a natureza como as questões humanas alcançam o ponto de final e começam novamente. O solstício significa tanto este tempo de mudança como também um símbolo de pontos decisivos ainda maiores.

Comunidades, culturas e civilizações germinam, florescem e morrem, mas este é um fato cujas implicações parecemos determinados a ignorar.

Durante séculos, os profetas religiosos têm avisado que o mundo está chegando ao fim. Normalmente estão corretos, pois muitos mundos já aca-

---

59. *I Ching*, Wilhelm/Bayners, pp. 97-98.

baram. Por exemplo, a Idade Média é um destes mundos que acabou, da mesma forma que a China Imperial. Os arqueólogos estão apenas começando a descobrir a América pré-colombiana, e seu fim foi registrado por algumas das pessoas que ajudaram a manter tais tradições vivas. Novos mundos começaram a existir. Poderíamos citar o nascimento da era industrial, da era colonial, da era eletrônica e muito mais, todas ocorridas nestes últimos cinco séculos.

Atualmente, vivemos em um mundo que está passando por um processo de morte e regeneração. Em nosso caso, como adquirimos alguma coisa em termos de civilização global, esta morte e nascimento estão em uma escala que é difícil de entender. Contudo, mantendo a perspectiva histórica suficientemente distante, é possível ver esta grande e tempestuosa transformação como o fim de um grande ciclo, talvez composto por muitos ciclos menores, todos em ritmo desacelerado; um ciclo cujo começo remonta há muitos milênios às origens da agricultura, do governo centralizado e da religião organizada.

Os povos antigos, em sua sabedoria, acreditavam que os princípios que atuam nos nascimentos e mortes das eras mundiais apresentavam analogias com os começos e fins de ciclos muito menores, como os limitados pela alvorada e pelo crepúsculo e pelos solstícios de verão e inverno. Assim, explicam que júbilo e lamento são ambos aspectos necessários da vida. Podemos desejar que a juventude dure para sempre, mas ela não durará. A maturidade e mesmo a morte sustentam seus próprios significados. Quando chega o tempo da desintegração e da morte é importante reconhecer o fato, lamentar e deixar a dor partir, a fim de deixar espaço para saudar a nova vida.

Nossa civilização cresceu muito em certas direções. Como um honrado e velho general, temos muitas vitórias para contar: temos extraordinário controle sobre a natureza; criamos um terrível poderio militar; desenvolvemos uma economia de mercado abstrata e flexível, capaz de produzir e de transferir prosperidade em quantidades e velocidades que superam a imaginação, mas há limites naturais para as conquistas. O mundo no qual tais realizações faziam sentido está chegando ao fim e, se formos espertos, reconheceremos o fato, lamentaremos e abriremos espaço para o novo.

Muitas pessoas ridicularizam o termo Nova Era (*New Age*) talvez por acreditarem que o presente, de algum modo, continuará indefinidamente. Como as pessoas que cresceram em meio às aceleradas mudanças políticas, econômicas, sociais e tecnológicas do século XX mantiveram tal visão, é uma questão a ser discutida em todos os lugares, possivelmente no contexto de exploração do fenômeno psicológico da negação. Que haverá uma Nova Era, não resta dúvida; como será esta era é que é a questão. Como os antigos sabiam muito bem, a saúde de um ciclo que nasce é condicionada pelo modo no qual o ciclo anterior foi liberado: seja de maneira gentil ou violenta, com compaixão ou animosidade, com coragem ou medo.

Deixe o Passado Partir; Saúde o Novo

A vontade teórica, a necessidade de deixar o passado partir e a saudação do novo são tão óbvias, que é desnecessário fazer muitos comentários. Todos sabemos que tudo muda constantemente e que precisamos nos adaptar a tais mudanças para sobreviver. Também sabemos que as mudanças, seja em forma de nascimento, de morte, de formação e dissolução de relacionamentos, de aprendizagem ou de velhice e muitas outras, são inevitáveis em nossas vidas e que na maior parte dos casos resistir a elas é fútil e inútil. Nos festivais e rituais de passagem, os povos antigos diziam adeus às pessoas, aos relacionamentos e às experiências de maneira ritualística, abrindo-se para receber o que quer que a vida lhes tivesse preparado.

Perdemos todos estes rituais, exceto a negligente comemoração do Dia do Ano-Novo e suas meias resoluções, graduações escolares e casamentos. À primeira vista pode parecer paradoxal o fato de os antigos com seus profundos rituais de mudança terem vivido em sociedades estáveis com ritmos ordenados e naturais enquanto nós, com poucos rituais, vivemos num redemoinho de metamorfose tecnológica, econômica e social.

Normalmente a mudança nos oprime. Por exemplo, consentimos sem pensar na introdução de tecnologias, cujos efeitos são praticamente desconhecidos e que alteram o fundamento de nossas vidas: televisão, computadores, energia nuclear, engenharia biológica, só para citar algumas. Teoricamente, deveria ser possível para nós retardar ou controlar tecnologias inacessíveis, sujeitá-las e submetê-las a exames minuciosos e, juntos, chegarmos à conclusão da que deveria ser adotada ou se seria melhor aguardar para conhecer seus efeitos colaterais e, até mesmo, deveríamos ter o direito de rejeitá-la. Raramente exercitamos este possível controle teórico. As inovações são vistas quase que como forças naturais, e as possíveis implicações para nossas crianças ou para os filhos de nossas crianças sequer são discutidas. Parece impossível dizer não quando se trata de tecnologia.

Talvez o que tenha se tornado ineficaz seja a base cultural do relacionamento com a mudança. Temos poucos meios de expressão de tristeza, seja para os casos de perdas pessoais ou coletivas, como a perda da terra, do estilo de vida e das tradições que estão desaparecendo indiscriminadamente com a súbita transformação tecnológica e econômica de nosso planeta. Assim como estamos impossibilitados de encerrar nossa relação com o passado, vemo-nos igualmente incapazes de formular qualquer visão coerente de futuro e sempre parece que nos faltam tanto a coragem como a imaginação para iniciar as mudanças necessárias em nossas vidas pessoais e para nossas instituições, mudanças que ajudariam a acabar com o racismo, a violência, o abuso da natureza e a extrema desigualdade econômica.

Pode parecer muito simplista sugerir que os problemas do mundo poderiam ser resolvidos se celebrássemos os solstícios juntos, mas talvez possamos começar a rever nossas atitudes com relação à questão da mudança nestas ocasiões, vendo-as como oportunidade de nos libertarmos de nossas amarras, de idéias e de estilos de vida que estão, claramente, colocando as futuras gerações em risco, e nos comprometermos com a ação social e pessoal.

Os Solstícios da História

Em muitos pontos, a atual situação global funciona de maneira análoga aos solstícios tanto de verão quanto de inverno. Da mesma forma como no solstício de verão os dias são mais longos, a dominação tecnológica da natureza e o tamanho da população humana global também aproximam-se do seu auge. As novas tendências não continuarão em voga por muito mais tempo, ou seja, por muitas décadas. Tanto a densidade populacional como as taxas de esgotamento de recursos tendem a declinar, seja por plano deliberado ou como resultado do colapso e da escassez do meio ambiente.

Entretanto, da mesma forma que no solstício de inverno, quando o Sol está mais suave, as energias de vida inatas do planeta aguardam no subterrâneo (de maneira figurada, não literal), e a luz espiritual das culturas indígenas estão enevoadas e próximas do horizonte da extinção.

Do ponto de vista histórico, são vínculos como estes que levam às transformações culturais fundamentais. É possível, por exemplo, traçar quadros analógicos entre nossa civilização e a romana, quando de sua decadência. Os romanos enfrentaram crises de superpopulação e de esgotamento de recursos como os que estamos enfrentando e também estavam arqueados pelo peso de uma burocracia governamental que não atendia às suas necessidades. A população da cidade aproximava-se de 1 milhão, nível que poderia ser sustentado apenas por colonização extensiva, escravidão, intensificação da agricultura, projetos de trabalho público e previdência social. Todo o mundo conhecido era sistematicamente pilhado para manter o poder e o conforto dos poderosos cidadãos romanos, mas este processo não poderia continuar indefinidamente. O sistema de agricultura da Itália entrou em colapso, os militares começaram a absorver mais riqueza do que podiam produzir pelas conquistas, e a burocracia romana inchou de tal forma que alcançou proporções inimagináveis. Nos 400 anos seguintes, após a queda de Roma, a população caiu para cerca de 30 mil pessoas.

Enquanto o colapso do Império Romano produziu um caos generalizado e levou também a Idade Média, os povos europeus, do norte da África e do Oriente Próximo libertaram-se do jugo do imperialismo e conseqüentemente retomaram modos de vida descentralizados, e, em muitos casos, mais estáveis e produtivos. Nos séculos seguintes, as cidades medievais foram governadas seguindo um modelo relativamente democrático de agremiações de artesãos e serviam de anteparo contra os esforços de poderes centralizadores da Igreja e da nobreza.

É possível que aconteçam fatos similares a este em todos os lugares do planeta nas próximas décadas ou séculos, mesmo levando em consideração a enorme diferença em escala entre o Império Romano e os impérios industriais do presente que excederão a analogia em muitos aspectos. No passado, talvez a humanidade tenha redescoberto parte de seu senso de profunda veneração pela natureza e as culturas, recuperado, em parte, sua variedade, vigor e autoconfiança. Pode ser também que o mundo mergulhe no caos; por esta razão é importante plantar as sementes de sustentação das culturas agora mesmo.

Reconhecimento das Fontes de Ordem e Luz

O solstício de inverno sempre foi um período de suplicar pelo retorno da ordem e da luz, e o solstício de verão, uma ocasião de celebração e de agradecimento pela abundância. De onde provêm a ordem e a luz? Acostumamo-nos a pensar que são provenientes das instituições religiosas e políticas, mas nossos antepassados tinham outra visão: sabiam que os seres humanos existiam em sistemas cósmicos e ecológicos maiores e que precisavam conformar-se com as regras de tais sistemas para sobreviverem. Os solstícios eram tempos ideais para reconhecer e celebrar tais responsabilidades nestes grandes reinos da natureza.

Na verdade, nós, seres humanos, criamos ordem de várias formas, mas em escala limitada. Nossas instituições podem durar mais que o tempo de uma vida humana; todavia, surgem e desaparecem. Entretanto, tudo o que fazemos existe também dentro de outro contexto e com suas próprias e inexoráveis pulsações. Não podemos permanecer impunes ao interferir em tais ritmos; se tentamos, o resultado é somente nossa própria frustração. Por outro lado, quando honramos e abraçamos profundamente os ciclos da natureza e do Cosmo, nossas vidas se enchem de luz.

Na consciência humana, a luz aparece como inspiração e é a inspiração que cria a música, a arte, a religião, a dança e a própria cultura. A inspiração não pode ser convocada, tampouco suprimida indefinidamente ou forçada a conformar-se com preconceitos e expectativas. Ela vai para onde quer e segue sua própria agenda. Cada nova geração tem sua luz, visão que as gerações anteriores normalmente acham incompreensível. A inspiração pode fragmentar convenções prévias, e esta nova luz carrega em si as sementes de uma nova ordem.

Ordem e luz naturalmente originam uma à outra; entretanto, no mundo atual, estão sempre desiguais. A oposição à atual ordem social centralizada e burocratizada normalmente é realizada por radicais inflamados, cuja retórica produz mais calor que iluminação. Nosso desafio é encontrar uma nova ordem social baseada no respeito ao contexto em que estamos inseridos, e não em uma ideologia; uma ordem que não tente frustrar ou negar a luz da inspiração e que permita seu movimento livre. Nos solstícios, aceitamos humildemente a verdade eterna de que as reais fontes de ordem e luz são a Terra e o Sol. Diminuímos a importância dos artificialismos das instituições humanas e nos deixamos levar pelo ritmo. Renovamos a vida de nossa ordem social, abolindo-a periodicamente e permitindo seu renascimento pelo útero da natureza.

Crianças, Jogos e os Solstícios

As celebrações de solstício sempre incluíram as crianças como participantes entusiastas não apenas devido à incorporação natural que elas têm sobre a essência de renovação e luz, mas também por causa da irrepreensível espontaneidade que demonstram. Afinal, nas raízes de todos os festivais estão as desculpas para divertimentos.

Para os sociólogos, a brincadeira é um comportamento que parece agradável, mas não tem valor de sobrevivência óbvio. No entanto, tal descrição fornece poucas chaves da profundidade do papel das festividades como atividade básica de exploração, de extensividade e de transcendência dos limites entre os seres. O limite mais básico é entre o "eu" e o "outro", e nossa atitude com relação a este vínculo existencial básico determina a qualidade de nossa experiência de vida. Somos defensivos, agressivos, amedrontados ou alegres?

Mesmo os jovens pássaros e mamíferos brincam. Estudos realizados que envolviam a privação de brincadeiras com macacos, como os levados a cabo por Harry Harlow e seus estudantes, mostraram que a brincadeira é essencial para o desenvolvimento das habilidades sociais básicas, o comportamento sexual e a paternidade.[60] Como era esperado, os mamíferos mais inteligentes são normalmente os mais brincalhões.

O terapeuta especializado em lazer Fred Donaldson escreveu em seu livro *Brincando com o Coração* (*"Playing By Heart"*) sobre sua experiência com cruzamentos das diferenças culturais e entre espécies e a instabilidade de comunicação entre crianças e adultos apresentadas nos casos de síndrome de Down e autismo. Ele tem ajudado milhares de adultos de vários países a entrar em contato com seu eu interior espontâneo e autêntico em seus divertidos *workshops*. O ponto enfatizado por ele é que a brincadeira não é apenas utilitária (somente um dispositivo para ensinar crianças a serem melhores adultos) nem tampouco um passatempo agra-

---

60. *The Paleolithic Prescription*, p. 211.

dável para os jovens; é uma janela para o sagrado, um modo de transcender as diferenças e uma oportunidade para expressar as energias extáticas da própria vida. A civilização impôs determinado grau de marginalização à brincadeira relativo ao de negação e supressão da vida.

Nas culturas baseadas na caça e na colheita, as crianças são tratadas de maneira indulgente e brincam quase que o tempo todo sem repressão. Para uma criança australiana aborígene tradicional, a vida é uma série constante de explorações e imitações autodirigidas, de corridas, de arremessos, de balanços e de natação. As crianças são deixadas por si mesmas e voltam para os pais ou outros adultos apenas em busca de nutrição física e emocional, quando necessário. Embora recebam o mínimo de disciplina por parte dos adultos, são sociáveis, amigáveis e generosas umas com as outras, confiam em si mesmas e na capacidade de lidar com o meio ambiente ao qual pertencem.[61]

No entanto, com o progresso tecnológico, as atitudes com relação às crianças e ao lazer mudaram. A antropóloga Patricia Draper acompanhou a população de !Kung San Bushmen, no sul da África, enquanto aumentava o contato de sua sociedade com a civilização. Conforme as pessoas se estabeleciam, dedicavam-se ao pastoreio de cabras, colhiam e caçavam menos, começaram a exigir mais obediência das crianças. A infância gradualmente deixou de ser um tempo de liberdade e tornou-se um período de preparação para a rudeza da vida adulta disciplinada. Os !Kung San dizem que seus vizinhos — pastores "mais adiantados", menos indulgentes e mais rigorosos —, "não gostam de crianças".[62]

As crianças que vivem em sociedades agrícolas, pastoralistas ou industriais recebem muito mais disciplina formal que aquelas das primitivas culturas baseadas na caça e na colheita. Punição corporal (desconhecida entre os últimos) torna-se uma faceta aceitável do treino infantil. Conseqüentemente, diminuem as brincadeiras e com elas as habilidades sociais e a auto-estima que somente as brincadeiras podem ensinar.

Ao final do processo de civilização, tivemos sucesso na criação de um mundo adulto sério e calculado, no qual tempo é dinheiro e brincar, desperdício de tempo. Formalizamos o processo de aprendizado em escolas burocráticas, em "fábricas de aprendizado" que rotinizam as atividades diárias da criança enquanto a maior parte de sua atenção é devotada ao brilho hipnótico da televisão. A alegria da livre interação com outras crianças de idades variadas em um ambiente natural e complexo desapareceu completamente.

Como substituto da brincadeira espontânea, nós, adultos civilizados, criamos os jogos ou *games*: disputas sérias e competitivas com ganhadores e perdedores. Ensinamos estes jogos-torneios (nos quais, de acordo com

---

61. Veja Annette Hamilton, *Nature and Nurture: Aboriginal Childrearing in North-central Arnhem Land.*
62. *The Paleolithic Prescription*, p. 211.

Donaldson, "cada vitória é o funeral de alguém") às nossas crianças num esforço para prepará-las para a vida em nosso mundo adulto altamente competitivo e estressante. Tendo negado e suprimido o próprio e inato senso infantil de brincadeira, criamos uma sociedade em que a baixa estima e a baixa capacidade de socialização geram aumento dos crimes e uma sucessão de comportamentos autodestrutivos e dependentes.

Os festivais de solstício eram intencionalmente, e em parte, um antídoto a estas doenças da civilização e um convite para retomar a brincadeira. Abolindo as leis e a hierarquia de maneira ritualística e indulgenciando os cantos e danças com o abandono infantil durante as celebrações sazonais, os povos antigos mantinham as formalidades da vida adulta em perspectiva. Não importava a seriedade com que perseguiam seus objetivos políticos e econômicos em todo o resto do ano; durante o tempo do festival, tanto os ricos como os pobres voltavam (pelo menos temporariamente) a ser livres, iguais e ao estado anárquico das primeiras pessoas da mítica Idade do Ouro.

Sexualidade e Festivais Sazonais

A liberdade e os divertimentos que caracterizam os festivais de solstício sempre encontram expressão no sexo ritualístico ou orgiástico. Esta liberação de energia procriadora controlada e sancionada tem duas importantes funções: a de estreitar os laços da comunidade e a de estimular e revitalizar a terra.

Segundo Dolores LaChapelle no livro *Sacred Land, Sacred Sex: The Rapture of the Deep*, ("Terra sagrada, sexo sagrado, o êxtase da profundidade"):

> "os festivais de renovação do mundo sempre incluíram ritos sexuais humanos: a renovação da vida não pode ocorrer sem o contato sexual. Na maior parte das culturas tradicionais, a atividade sexual é parte da continuidade de toda a vida naquele determinado local. Seus efeitos se refletem sobre o todo: positivo, quando contribui para a fertilidade global da vida se os humanos adicionam a atividade sexual a cerimônias de expansão de vida animal ou de plantação naquele lugar, e negativo, quando falham em procriar a quantidade de crianças dentro dos limites ambientais, ou seja, dentro das condições de fornecimento de alimentos sem danos. Em certos casos, os humanos destroem a base da sua própria vida. Poucas culturas tradicionais fizeram isso por muito tempo; morrem, migram ou aprendem os rituais, o que lhes permite que se estabeleçam. Esta é a base do sexo sagrado".[63]

---
63. Dolores LaChapelle, *Sacred Land, Sacred Sex: The Rapture of the Deep*, p. 254.

Na Europa, até pouco tempo, era costume os casais rurais terem relações sexuais em seus campos nas épocas de solstício de verão e nas comemorações de Beltane (dia 1º de maio) para assegurar colheita abundante. Trata-se de um costume muito antigo, sobrevivente de rituais de fertilidade, em que toda a comunidade participava, segundo Mircea Eliade:

> "... precisamos nos acautelar para evitar erros de interpretação desses excessos licenciosos, pois o que está em questão aqui não é a liberdade sexual no moderno e profanado sentido do termo. Nas sociedades pré-modernas, a sexualidade, como as demais funções da vida, é repleta de sagração. É um modo de participar do mistério fundamental da vida e da fertilidade".[64]

LaChapelle diz que "não há sexo sagrado sem terra sagrada".[65] Natureza é sexo, como podem atestar os que passaram muito tempo na selva. Quando as forças de vida estão percorrendo árvores, flores e animais, correntes similares tendem a fluir dentro de nós mesmos também. Os povos antigos entendiam que o processo era recíproco: da mesma forma que um lindo dia de primavera pode despertar nossos sentimentos amorosos, eles acreditavam que pela livre expressão destes sentimentos seria possível suscitar o mesmo na natureza; acreditavam que a vida e a sexualidade eram boas e sagradas, e, portanto, os rituais e festivais eram, antes de mais nada, ocasiões de êxtase da auto-expressão.

A civilização ocidental e industrial moderna mantém apenas meros vestígios destes rituais antigos em forma de guirlandas de visco e de comemorações de Ano-Novo. Para nós, o sexo tornou-se um objeto, um problema, uma coisa profana e privada que deve ser praticada sempre com as portas fechadas. Raramente pensamos no sexo como um ato sagrado; nunca é uma questão pública ou popular, exceto do ponto de vista pornográfico ou exibicionista e raramente é apreciado ao ar livre; portanto, não nos importamos com seus possíveis efeitos sobre a Terra. Em nossas cidades abarrotadas e impessoais, a intimidade implica tantos riscos de abusos e doenças que inspira mais sentimentos de medo e horror do que de celebração, de divertimento, de alegria ou de adoração. Como são diferentes as experiências dos povos tribais, como os aborígenes da Austrália, Robert Lawlor escreveu em *Voices of the First Day* ("Vozes do primeiro dia"):

> "O ritual de sexualidade dos aborígenes, cujo dinamismo é tão ilimitado que excita e vitaliza toda a natureza, é baseado no amor à terra e na vida terrena. Não se trata de um amor instigado pelo desejo explorador, pelo zelo conservacionista ou mesmo pela piedade ambiental. É o amor pela terra que ultrapassa a paixão sexual..."[66].

---

64. Mircea Eliade, *Ritos e Símbolos da Iniciação: Os Mistérios do Nascimento e do Renascimento* (*Rites and Symbols of Initiation: The Mysteries of Birth and Rebirth*), p. 25.
65. LaChapelle, p. 253.
66. Robert Lawlor, *Voices of the First Day*, p. 229.

Talvez a redescoberta dos festivais sazonais abra o caminho para o retorno da sexualidade vista com alegria e adoração. Atualmente, o sexo genital carrega tanta bagagem cultural, que é praticamente impossível ritualizá-lo, sem invocar abuso ou censura. Contudo, se o objetivo dos participantes for ver o sexo como sagrado, sem dúvida alguma será possível promover a expressão saudável da sexualidade no contexto da moderna celebração do solstício por meio de danças, brincadeiras e humor. Para atingir este objetivo, é preciso que, durante o festival, os participantes doem-se inteiramente à encenação coletiva sem levar em conta seus sentimentos pessoais. Em outras palavras, cada homem precisa estar disposto a deixar de lado sua própria personalidade (o quanto for possível) para tornar-se a incorporação do divino masculino, e cada mulher, a incorporação do divino ou do arquétipo feminino.

Solstícios como Celebração do Divino Masculino e Feminino

Todas as culturas antigas têm sua versão da criação do mundo, mas esta história não é apenas uma descrição do que aconteceu no passado distante; é também a descrição da maneira pela qual a criação ocorre no eterno presente. Normalmente, a história da criação explica como o Uno se dividiu em dois princípios cósmicos, o masculino e o feminino, o céu e a Terra que fizeram amor e deram origem ao Universo. Na maior parte das culturas antigas, o céu era visto como masculino e a Terra, como feminino. A luz do Sol, a claridade e a chuva eram vistas como dádivas do Pai celestial para fertilizar o corpo da mãe (a palavra matéria vem do latim *mater*, que significa mãe) que, por sua vez, dava origem à vida em todas as suas variadas formas.

Como os solstícios eram ocasiões nas quais os ciclos da Terra e do céu atingiam seus extremos, os princípios masculinos e femininos eram colocados em foco por meio dos rituais. Por exemplo, os antigos chineses acreditavam que, ao nascer do Sol no solstício de inverno, o princípio *yang* (masculino) nascia e começava sua ascensão, que durava seis meses. O fato de os cristãos celebrarem o nascimento do bebê divino do sexo masculino na mesma época é mais que mera coincidência.

Novamente, de acordo com a tradição chinesa taoísta, o tempo mais propício para adorar a deusa da terra era de manhã cedo no solstício de verão, porque neste período "o princípio *yin* (feminino) nascia e começava a crescer. O poder do princípio *yang* diminuía".[67] O fato de não ter corres-

---
67. Lewis Hodous, *Folkways in China*.

pondente festival cristão de solstício de verão enaltecendo o divino feminino é talvez um indício de desequilíbrio entre os princípios cósmicos-sexuais de nossa civilização.

Todas as culturas concordam que a primeira Era do mundo era a Era do Ouro de Harmonia, quando homens e mulheres, humanidade e natureza, céu e Terra eram unidos por entendimento amoroso, mas o tempo da harmonia chegou ao seu trágico fim e desde então as disputas e divisões caíram sobre a humanidade. Para os antigos, os solstícios eram tempos de celebrar as polaridades, de criar relações harmoniosas, saudáveis e, deste modo, de recapturar parte da harmonia e da alegria da Era do Ouro. Como descartamos estas ocasiões de equilíbrio e renovação, vemos as conseqüências na forma de relacionamentos desfeitos e abusivos entre homens e mulheres, entre culturas e entre humanidade e natureza.

A solução para estes desequilíbrios e desentendimentos deve surgir tanto individual como coletivamente. Cada um de nós tem de descobrir e cuidar do sentido de auto-estima vindo do centro de nosso ser, uma vez que se trata de algo mais importante que a aparência e o sucesso mundano. A partir desta base de segurança interna, precisamos aprender a falar honestamente sobre nossas necessidades e medos, visões e sonhos, sem responsabilizar os outros pelos nossos sentimentos e expectativas e sem esperar que eles mudem para nos agradar. Quando um homem ignora e nega seu lado feminino ou quando a mulher nega seu lado masculino, então cada um tende a projetar as qualidades que não puderam desenvolver nas outras pessoas. Por exemplo, um homem pode ver uma mulher atraente como a incorporação de tudo o que ele deseja e precisa e então "se apaixonará" e terá a sensação de que não pode viver sem ela, mas o que ele vê é apenas a imagem projetada de suas próprias necessidades. Pode acontecer de uma mulher projetar aspectos negativos de seu lado masculino que não pode desenvolver em um homem e depois descubra que o odeia. Na verdade, o que ela realmente odeia é a parte rejeitada de si mesma. Quando nos entendemos e nos aceitamos, também abrimos a possibilidade de entender os outros como eles realmente são.

O mesmo princípio é verdadeiro para as culturas e para a humanidade como um todo em sua relação com a natureza. Vamos parar de destruir a Mãe Terra somente quando pararmos de projetar sobre ela os desejos e medos que sentimos com relação aos aspectos femininos negados ou reprimidos de nós mesmos e de nossa cultura.

O restabelecimento dos festivais sazonais pode exercer importante função no processo de cura e reconciliação com os divinos feminino e masculino nas sociedades humanas. De acordo com Dolores LaChapelle, "os grandes festivais sazonais, realizados do mesmo modo que nas culturas primitivas tradicionais... equilibram (equilibravam) o masculino e o feminino em cada pessoa".[68] No festival, as essências divinas masculinas e femini-

---

68. LaChapelle, op. cit., p. 267.

nas eram adoradas, incorporadas e reconciliadas, e talvez esta fosse a maior razão para a efetividade das celebrações na manutenção da estabilidade e da vitalidade das comunidades que o realizavam.

Para nós, do mundo moderno, talvez a primeira prioridade da renovação cultural devesse ser o renascimento do festival de solstício de verão do divino feminino. Este é o dia da Terra natural e verdadeiro, um tempo no qual podemos focalizar nossa atenção na cura dos aspectos negados e maltratados de nós mesmos e do mundo e celebrar os poderes de êxtase, os cuidados e as capacidades intuitivas contidas no arquétipo feminino.

Restabelecimento Cultural

No contexto de nossa civilização industrial moderna, a discussão das celebrações do solstício talvez pareçam interessantes a partir de uma perspectiva arqueológica, mas inconseqüente. No entanto, ao adotarmos a perspectiva da vantagem dos cruzamentos culturais e estendermos a visão histórica, parece que a civilização industrial é que está fora de compasso.

É claro que consideramos de grande valor o progresso alcançado nos últimos séculos. O conhecimento científico que temos de nós mesmos e de nosso mundo expandiu-se, e uma pequena parte da população humana aprecia poder e riquezas inigualáveis e sem precedentes, mas também perdemos muito.

Para os antigos, o céu era uma constante fonte de respeito. Era difícil escapar dele. As constelações e planetas, as fases da Lua, a posição do Sol, tudo era observado durante o dia e grande parte da noite pela maioria das pessoas. Agora nos isolamos da luz do céu. Em uma noite clara (isto é, quando há menos fumaça ou luzes acesas), uma pessoa terá dificuldade para encontrar uma ou duas constelações ou até, quem sabe, um único planeta. A posição do Sol e das fases da Lua tem pouca ou nenhuma importância.

O mesmo acontece com nossa casa planetária. Houve um tempo em que víamos a Terra como sagrada e viva. Os animais e plantas eram seres inteligentes, companheiros íntimos, cujos cantos e hábitos estavam entremeados no tecido de nossa vida. Agora a Terra passou a ser vista como a soma de recursos econômicos ou, ainda, como um mapa político.

Nós, que crescemos na civilização industrial, estamos acostumados a vê-la como um inevitável produto de evolução cultural. Fábricas, auto-estradas e cidades são naturais e comuns. Por que não? Isto é tudo o que conhecemos. É tão fácil esquecer que a própria civilização é resultado de desenvolvimento recente, incomum e instável na história de nossa espécie. Crescemos durante estas últimas décadas e séculos, mas tão rápido em uma direção que ficamos inclinados para um só lado. Nossa sobrevivência depende de nossa habilidade de crescer de maneiras diferentes das habituais, de recuperar parte do que perdemos e ainda de nos reequilibrarmos.

Como aconteceu muitas vezes na história humana, precisamos descobrir que nosso próximo passo para frente será inspirado em uma profunda apreciação do passado. Naturalmente, não estamos preparados como sociedade para retomar os padrões antigos de vida no sentido literal. O que passou, passou, e existe uma sabedoria em fazer uso do que aprendemos nos últimos séculos em vez de repudiarmos tais experiências e descobertas. Ao mesmo tempo, precisamos reconhecer que saímos do curso em muitos aspectos. Renovação cultural não significa imitação servil de práticas arcaicas, mas uma mudança de direção, um retorno à sustentação, à descentralização, à liberdade e às responsabilidades. Se valer a pena recuperar algumas formas culturais antigas, poderemos estar certos de que serão mudadas simplesmente pela nova consciência que lhes será concedida.

De muitos modos os festivais de solstício servem para simbolizar a essência do que negociamos em nome de vantagens da civilização: nosso primitivo relacionamento íntimo com a natureza e com o Cosmo. Deste modo, servirão como indicações para a redescoberta cultural.

Neste livro, estamos sugerindo trazermos nossa sensibilidade moderna para propagar a criação de novos festivais que honrem o significado intrínseco dos solstícios, de maneira relevante para nós e para nosso mundo. Como pessoas educadas do ponto de vista científico, sabemos que os solstícios não são parte de um jogo de futebol cósmico como os antigos *Chumash* acreditavam; sabemos também que as estações se sucederão mesmo que as fogueiras não sejam acesas no momento apropriado. Ainda assim, temos uma necessidade inata de celebrar. Precisamos de ocasiões para nos reunirmos e para nos sentir parte de alguma coisa maior que nós mesmos e que nossa família; alguma coisa mais intrinsecamente significativa do que nossas nações e corporações. Como quase todas as culturas sabiam há milhares de anos, a celebração dos solstícios é a maneira ideal de atender nossas necessidades.

Parte 3

Festivais para o Nosso Tempo

Os últimos três mil anos da humanidade foram uma excursão por ideais, pelo imaterialismo e pela tragédia; agora, a viagem chegou ao fim... trata-se, praticamente, de uma questão de afinidade. Precisamos retomar nossa religação vívida e revigorante com o Cosmo... O caminho é pelo ritual diário e pela vigília. Precisamos, uma vez mais, praticar o ritual da alvorada, do meio-dia e do pôr-do-sol, o ritual de acender o fogo e o da chuva, o ritual da primeira respiração e o da última. Precisamos resgatar o caminho de saber em termos de totalidade... a totalidade do corpo, do sexo, das emoções, das paixões com a Terra, o Sol e as estrelas.

D. H. Lawrence

CAPÍTULO 10

Celebrando o Solstício

Se estiver observando o solstício sozinho ou com um amigo, poderá aproveitar algumas das sugestões deste capítulo; se quiser reunir um grupo maior para organizar um festival, o Capítulo 11 oferece idéias úteis. É possível que algumas atividades descritas neste capítulo possam ser úteis para você comemorar sozinho e também para planejar eventos maiores. Lembre-se de que estas sugestões visam estimular o seu pensamento criativo. A não ser que você faça parte de uma tradição espiritual que comemora os rituais de solstícios, será preciso usar sua imaginação e percepção interior para encontrar sua maneira de celebrar.

Visitando um Lugar Sagrado

A paisagem de todos os continentes inabitados é dotada de lugares extraordinários, repletos de significados para os povos indígenas. Em tempos remotos, esses lugares eram marcados simplesmente por um aspecto natural da terra: colinas, árvores, córregos, nascentes, sítios rochosos, cavernas e montanhas. Para os aborígenes australianos, Uluru (Ayer's Rock) continua sendo o centro cerimonial e mitológico do continente; para os Navajo, a montanha sagrada de quatro pontos cardeais, os notáveis picos nos arredores da região Four Corners onde o Colorado, o Novo México, o Arizona e Utah se encontram, tem incorporado o espírito do Criador desde o começo dos tempos até agora.

Os antigos povos agrícolas marcavam lugares sagrados com templos, monumentos de rochas, colinas, sepulcros e outras estruturas construídas pela humanidade. Muitas estruturas, incluindo Stonehenge, as catedrais medievais da Europa, Chaco Canyon na América, etc., parecem ter sido construídas em lugares que já tinham a tradição de serem consagrados.

Por que estes lugares se destacavam? Em algumas instâncias nas quais as características incomuns ou majestosas das paisagens inspiram sentimentos de respeito e transcendência, a resposta parece óbvia. No entanto, alguns sítios sagrados parecem, à primeira vista, bastante normais. De acordo com as tradições de povos indígenas, a consagração de um sítio tem pouco a ver com nossas idéias de cenários naturais estonteantes; um lugar é sagrado porque tem certa energia ou espírito.

A maior parte dos povos antigos acreditava na existência de uma energia que penetrava e vivificava a Terra. Alguns lugares tinham diferentes quantidades ou qualidades desta energia. Os chineses taoístas chamavam-na de *qi* (ou chi) e é um poder que se encontra no corpo humano e também em todo o Universo. A vitalidade da terra e, conseqüentemente, das pessoas dependia do equilíbrio e do fluxo de energia *qi* que passava pelos córregos, vales e colinas. Os sábios chineses criaram o *feng shui* para mediar o fluxo da Terra e para identificar lugares adequados para casas, templos e sepulturas.

O *Projeto Dragão* de Cornwall, Inglaterra, chefiado pelo autor Paul Devereux (*Places of Power*) tem explorado antigos círculos de pedras, monumentos de pedras, sepulcros, etc., com medidores de magnetismo, contadores Geiger, voltímetros e sensores ultra-sônicos e documentado campos magnéticos, emissores ultra-sônicos, padrões radiativos irregulares em muitos destes sítios.

Em seu livro, *The New View Over Atlantis*, John Mitchell, um dos atuais pioneiros da redescoberta do propósito original dos antigos sítios sagrados, escreveu:

> "Como todos os outros corpos celestes, a Terra é um grande ímã. A força e direção de suas correntes são influenciadas por muitos fatores, incluindo proximidade e posições relativas de esferas do sistema solar, principalmente pelo Sol e pela Lua. Outro fator que influencia a força e a atividade da corrente magnética deriva da composição do solo que atravessa; em zonas rurais firmes e planas são plácidas e regulares; em terrenos rochosos ou destruídos, tornam-se violentas e perturbadas, reagindo com os elementos que causam tempestades magnéticas e, nas regiões localizadas ao norte, auroras e luz polar. Nos arredores das falhas geológicas, o fluxo magnético torna-se particularmente agitado devido à propagação de corrente que, nestes lugares, irrompem na crosta terrestre".[69]

---

69. John Michell, *The New View Over Atlantis*, p. 84.

A ciência moderna está gradualmente chegando à conclusão de que o corpo humano é sensível a mínimas variações de campos eletromagnéticos. Robert O. Becker, M.D., um dos principais pesquisadores no campo de bioeletricidade, descobriu que campos eletromagnéticos podem também influir tanto positiva como negativamente na regeneração de um membro, no desenvolvimento de carcinomas e de outras doenças, bem como em nosso estado geral de conscientização. A maior parte do trabalho de Becker concentra-se na demonstração de efeitos prejudiciais dos poderosos campos artificiais, produzidos por linhas de força, fiação elétrica, etc. Ao mesmo tempo, em seu livro *The Body Electric*, ele sugere que nosso profundo entendimento da bioeletricidade, algum dia, revolucionará nossa habilidade de curar muitos tipos de ferimentos e doenças. O magnetismo natural da Terra tem um ciclo de 27 dias de calma e perturbação que varia de acordo com as estações e por longos intervalos de milhares e milhões de anos. Parece que os povos antigos não apenas estavam conscientes destas correntes magnéticas (que ainda continuam aparentes para qualquer um com habilidade para a utilização de pêndulos) como também estavam sintonizados com os ritmos de suas comunidades com relação a tais correntes. Os locais sagrados foram escolhidos intuitivamente como lugares onde as energias do Cosmo, da Terra e do organismo humano pudessem estar em harmonia.

Especialistas na utilização de pêndulos dizem que a maioria dos antigos sítios sagrados continua transpirando energia sutil, e cresce cada vez mais o número de pessoas que realizam peregrinações a Uluru, Chaco Canyon, Avebury, Glastonbury Tor e outros locais, a fim de sentir tais energias por si mesmos. Muitos que passam algum tempo nestes lugares contam que foram transformados pela experiência. Alguns dizem que estes lugares, onde os antigos realizavam festivais e cerimônias de solstícios e equinócios, parecem energizados nestas épocas do ano.

Você não precisa empreender uma viagem cara para um desses famosos centros espirituais a fim de vivenciar a sagração e os poderes especiais dos sítios. Provavelmente, há sítios especiais do ponto de vista geocósmico no lugar onde você vive, nos quais será possível recarregar suas baterias espirituais e, o que é mais importante, ajudar a exaltar novamente a Terra. Para encontrá-los, use sua intuição, caminhe sobre a terra com o coração aberto e a mente clara; explore as vizinhanças, os parques e as áreas verdes observando a linha do horizonte, a qualidade da luz e as atividades de pássaros e de outros animais. Os elementos geográficos locais, quer sejam colinas, um córrego, vales ou uma planície, são fundamentais para que se possa sentir verdadeiramente o meio ambiente. Durante a busca, preste atenção também à sua paisagem interna. Enquanto caminha, observe quando sua mente se torna clara e seu corpo, leve e relaxado. Certamente alguns lugares poderão aliciar imagens mentais, talvez até mesmo memórias de sua infância.

Ao encontrar um lugar especial, peça permissão ao espírito que ali reside para estar lá. Se em seu interior você sentir pouco respeito pela terra, não está preparado para participar desta experiência de consagração.

Passe todo ou parte do solstício no lugar sagrado que você encontrou sozinho ou com amigos. Medite sobre modos de curar-se, sobre a busca de si mesmo e, principalmente, sobre os modos pelos quais você pode cuidar, reverenciar e proteger a Terra e suas criaturas.

Conectando-se Profundamente com a Terra Onde Você Vive

Um dos benefícios de procurar seu próprio lugar sagrado (ao contrário de comprar uma passagem de avião para Londres e então esperar um ônibus para Stonehenge) é que, desta forma, você poderá sentir uma profunda ligação com a Terra na área onde reside.

Atualmente, muitas pessoas vivem em cidades, apartamentos ou condomínios. Ao viajar, deparamo-nos com as mesmas lojas em *shoppings* e com os mesmos restaurantes *fast-food* em cada esquina. Cada vez mais os lugares se parecem uns com os outros e, de uma cidade para outra, notamos diferenças sutis no solo, nas rochas, nas árvores, nos pássaros e no clima. É como se nosso meio ambiente tivesse se tornado intercambiável e substituível, como partes de uma linha de montagem, e nós — isolados em nosso estilo de vida esterilizado e desprovido de qualquer possibilidade de compromisso para com a terra —, gradualmente tendemos a perder nossa individualidade e personalidade.

Os povos indígenas, como os aborígenes australianos, sentem que são responsáveis por cuidarem da Terra, o que implica não somente conhecimento prático e detalhado de topografia e ecologia como também uma vida toda dedicada ao desenvolvimento de habilidades de observação e comunicação com animais, ao cultivo de plantas selvagens na época adequada e em quantidades restritas e ainda fazer as queimadas no tempo e local certos para limpar a terra e permitir nova germinação e crescimento. Para pessoas como estas, a renovação do mundo não é apenas uma esperança ou ambição espiritualizada, mas sim um objetivo prático diário.

Como meros consumidores, perdemos nosso senso de responsabilidade que, acima de tudo, é a habilidade de responder, ou seja, de sentir e alinhar-se com os ritmos fundamentais da natureza e da própria vida como bolhas emergindo do centro de nosso ser. Para recuperar nossa responsabilidade humana, precisamos nos interessar mais pelo bem-estar do ambiente que nos envolve.

Um modo de preparar-se para a comemoração de solstício é pesquisar mais sobre a flora e a fauna nativas. Cada lugar tem seu clima, plantas, animais, rochas, sensibilidade e espíritos próprios. Aprenda os nomes das ervas, das flores, dos pássaros, dos mamíferos e dos insetos que vivem na área que você escolheu. Passe mais tempo ao ar livre, simplesmente quieto e prestando atenção.

Descubra os limites de bioecologia da região (chamada de *biorregionalismo*), que pode ser definida como qualquer lugar distinto com um divisor de águas, rios, paisagens, clima, plantas nativas, animais, estabelecimentos populacionais e culturas originadas por estas características e que foi, no passado, definida como moradia de pelo menos algumas pessoas. Essencialmente, o *biorregionalismo* é uma filosofia prática política e econômica desenvolvida por Stephanie Mills e Peter Berg e aborda as seguintes questões sobre o homem e o meio ambiente em que vive: Onde vou ficar? Pertenço a que lugar? Serei leal a que lugar? Onde exercerei meu poder de cidadão? Os *biorregionalistas* são guardiões que dispõem de seu tempo, preocupam-se em conhecer e também se responsabilizam pelo uso racional dos recursos do meio ambiente, além de participar ativamente do processo de tomada de decisões da comunidade local.

Uma maneira de indicar o solstício é determinar os limites da biorregião e elaborar um mapa mostrando divisores de água, de correntes e características da paisagem. Faça uma pesquisa e descubra: quais são as questões da população local com relação a esta região? Quais são os projetos de desenvolvimento propostos (represas, auto-estradas, etc.)? Quais os efeitos potenciais destes projetos? Há grupos locais trabalhando para cuidar desta terra? O que você pode fazer para ajudar? Quando você souber onde está e sentir-se comprometido e responsável pelo meio ambiente, sentir-se-à participando dos ciclos sazonais da Terra de maneira mais profunda e natural. Os solstícios não são apenas fenômenos astronômicos abstratos; são ocasiões para evocar e compartilhar sentimentos básicos de interdependência e união.

Observe um Animal Selvagem

Eu e minha esposa vivemos em uma pequena propriedade rural em Sonoma. Na última primavera, um casal de pássaros construiu um ninho no alpendre, bem perto da janela da cozinha. Cada vez que entrávamos na cozinha, observávamos o que o casal de pássaros estava fazendo. A fêmea ficava no ninho e o deixava por apenas alguns minutos, algumas vezes por dia. O macho aparecia de hora em hora para cantar e alimentá-la. Estes pássaros são relativamente comuns e costumam fazer ninhos em alpendres. Observá-los pode parecer um incidente banal, no entanto foi muito importante para nós. Demorou alguns dias para que eu notasse: cada vez que eu e Janet nos detínhamos para observar os pássaros, nosso nível de estresse baixava. Naquelas semanas, Janet estava se adaptando a um novo emprego, eu estava com dificuldades para encontrar trabalho editorial e o resultado era que nossos nervos estavam à flor da pele, mas sempre que nossa atenção voltava-se para os pássaros diminuíamos o tom de voz, nossa respiração tornava-se mais profunda e nossos ombros relaxavam. O pensamento que me ocorreu era que, com os impostos, o tráfego intenso, os débitos intermináveis e o ritmo da civilização industrial, poucas pessoas podem escapar dos efeitos prejudiciais do estresse. Muitos gastam altas somas para encontrar maneiras de relaxar. Aqueles pássaros que moravam em nosso alpendre trouxeram-nos benefícios inestimáveis. Tudo o que precisamos fazer foi colocar uma vasilha com água perto do ninho, mas eles não estavam interessados; sentiam-se confortáveis conosco, mas não eram dependentes. Eu e Janet pegamos alguns livros na biblioteca para estudar sobre a vida dos pássaros e passamos a nos interessar mais e mais pelo assunto. Desde então, estamos praticando ouvir o canto de pássaros. Antes, quando eu não prestava atenção, achava que os cantos eram todos misturados. Era mais ou menos como estar em uma rua cheia de pessoas falando um idioma que eu desconhecia. Assim que comecei a prestar atenção, percebi que cada espécie de pássaro tem uma personalidade única e que o canto de cada um relaciona-se aos seus interesses e questões da mesma forma como acontece em nossa comunicação. Gradualmente, minha capacidade de audição para canto de pássaros assemelhou-se à experiência de participar de conversas animadas e interessantes.

A melhor maneira de observar animais selvagens é passar algum tempo nos locais em que eles possam ser facilmente encontrados. Os solstícios e equinócios são períodos ideais para passar o dia observando a vida selvagem em parques ou reservas naturais. Encontre um lugar e permaneça lá por algumas horas. Naturalmente você verá animais diferentes de acordo com a época do ano. Não tenha muitas expectativas: basta estar inteiramente presente (e silencioso), observando, sem tentar comunicar-se com os animais que você vê. Não é necessário analisá-los ou mesmo nomeá-los; deixe-se levar pelo ritmo e observe tudo calmamente.

Torne-se um Ativista Ecológico; Envolva-se!

Os solstícios são os primitivos dias da Terra. Nestas ocasiões, os povos antigos pensavam sobre a renovação do mundo de acordo com sua cultura. Em vez de recriar tais cerimônias antigas, deveremos perguntar a nós mesmos: quais são as maneiras mais práticas para a renovação do mundo atualmente? Para mim, a resposta à questão está relacionada com o ativismo ambiental. Começamos a perceber que demos muito valor à tecnologia e às possessões e pouco valor à natureza. Tratamos a natureza como um meio, mas na verdade ela é um fim em si mesma, nosso definitivo modelo e padrão para o que é bom. Premiamos o que é novo e artificial e não questionamos sobre o que está acontecendo com a Terra, as árvores, a água, as ervas e os animais. Chegou a hora de mudar!

Muitas pessoas descobriram que sua missão de vida é proteger e restaurar a Terra; nem todos podemos fazer isso. Felizmente estamos contribuindo de outra maneira. No entanto, os que estão na vanguarda precisam de nosso suporte.

Descubra quem está fazendo um trabalho que você julga importante, seja local, nacional ou internacional. Qual a causa que mais o mobiliza? Direitos dos animais? Conservação? Direitos humanos? Mudanças de métodos agrícolas? Preservação de culturas indígenas? Pergunte a si mesmo: o que pode contribuir para que nossa sociedade torne-se mais responsável, sã e humana? E depois: como posso ajudar?

Falar é fácil; ações são o que importam. Somos responsáveis pela poluição do ar, pela exaustão de recursos e pela degradação ambiental, o que não significa que devemos nos sentir culpados. Significa que, estando conscientes da situação global e de nossa função, temos a responsabilidade de fazer alguma coisa. É claro que podemos ser ativistas qualquer dia; não é necessário esperar o solstício. Somente um dia dedicado a honrar a Terra e seus ritmos é suficiente para nos motivar a agir em prol de sua preservação. Os solstícios constituem uma excelente oportunidade para comprometer-se, fazer planos específicos e uma contribuição para uma organização que está fazendo a diferença.

Descubra onde se localizam as áreas de reciclagem. Faça um inventário de seu estilo de vida. Há 20 anos, o economista E. F. Schumacher escreveu que a sabedoria reside em simplificar e reduzir nossas necessidades e não em expandi-la infinitamente. Será que o propósito da vida é acumular maior quantidade de produtos de consumo? Caso não seja, quanto menos tempo perdermos com desperdícios e coisas insignificantes, mais tempo sobrará para nos dedicarmos ao que é essencialmente significativo em nossas vidas.

Plante uma Árvore

Para os povos antigos, as árvores eram sagradas e eles lhes davam atenção especial nos solstícios. Atualmente, as mais antigas florestas do mundo estão desaparecendo rapidamente, o que está gerando efeitos terríveis para a vida selvagem, bem como para a humana, pois, afinal, as árvores são os pulmões do planeta. Anualmente, desaparece uma área total de florestas do tamanho da Inglaterra, a fim de satisfazer a demanda de papel, de mobiliário, de material de construção e de embalagens. Portanto, os esforços de reflorestamento são obviamente essenciais. Os diferentes motivos do reflorestamento reverterão em diversos resultados; por exemplo, se o objetivo for apenas assegurar o adequado suprimento de madeiras, a solução será desenvolver a engenharia genética de crescimento rápido de árvores e plantá-las em fileiras, em fazendas especiais planejadas. Entretanto, se o motivo for a retomada do valor inerente e sagrado de outras formas de vida, então nos dedicaremos a cuidar e a proteger os ecossistemas restantes e replantar as espécies nativas. A diferença entre as duas abordagens é relativa à escolha fundamental entre um mundo inteiramente projetado segundo os desejos humanos ou um que ainda oferece para a humanidade a possibilidade do encontro arquétipo com o outro, o mundo natural, aquele não podemos entender ou controlar inteiramente, mas que tem muito a nos ensinar, e com o qual podemos interagir. Se este segundo motivo prevalecer, precisaremos começar agora mesmo a formar e a renovar nossos laços sagrados com a natureza tanto em grande como em pequena escala. Podemos começar plantando ou cuidando de uma árvore em nossa residência em vez de enfeitarmos uma árvore de plástico no Natal; podemos plantar uma árvore de verdade na Terra. As épocas ideais para plantio e poda variam de acordo com as espécies e com o clima, e precisamos nos informar a respeito das condições locais e das mudas adequadas, pesquisando bibliografia escrita ou especialistas para descobrir as espécies nativas que melhor se adaptam ao sítio. Alguns parques, associações ou organizações oferecem cursos, muitas vezes gratuitos, sobre ao assunto. Preocupe-se com o bem-estar das árvores de sua propriedade e vizinhança; descubra as florestas mais antigas remanescentes e verifique se estão sob ameaça para descobrir o que é possível fazer para protegê-las.

Economize Energia

No último solstício de inverno decidimos ficar em casa e não usar energia elétrica durante 24 horas a fim de participar mais intensamente dos ritmos de luz e de sombras da Terra. Desligamos relógios, telefone, jantamos à luz de vela, fomos dormir cedo e despertamos naturalmente antes do nascer do Sol na manhã do solstício. Naquele dia, sentimo-nos mais vivos, relaxados e atentos do que habitualmente; eu diria até mesmo que estávamos mais felizes.

Milhões de pessoas vivem sem energia elétrica e certamente não se sentem felizes, mas para os cidadãos das áreas urbanas um dia sem energia elétrica pode parecer (ao menos para mim) uma experiência terapêutica. Quando a energia está ao alcance de nossas mãos, ela parece não ter tanta importância, pois basta pagar a conta para que ela esteja disponível. Assim, tornamo-nos dependentes dela e, inconscientemente, assumimos que qualquer ameaça de fornecimento é uma ameaça à nossa existência. Se nos dizem que a produção da energia envolve problemas tanto humanos como ecológicos, tentamos ignorar os fatos para não enfrentarmos a intolerável dependência do vínculo. Podemos nos libertar desta dependência do consumo inconsciente por meio de ações ponderadas, usando a energia de modo racional e como uma escolha consciente, não um mero reflexo. Enfrentar nossa dependência de energia tende a produzir um novo sentido de autoconfiança, bem como um sentimento de ligação com o que está subjacente à realidade estruturada e artificial reforçada dia a dia na sociedade industrial. O uso ponderado da energia elétrica oferece a oportunidade de testemunhar e de participar dos milagres comuns do dia e da noite, do Sol e da Lua mais intensamente. Sempre que suspendo o uso da energia, sinto-me mais consciente do milagre de estar vivo no planeta Terra e lembro-me de que os recursos que não parecem importantes como o ar, a água e a luz são bens mais preciosos e maravilhosos do que imaginamos.

Planeje passar o próximo solstício em casa economizando gasolina, eletricidade e papel. Anote o que utiliza normalmente para descobrir se satisfaz necessidades genuínas. Explore sua criatividade e quebre os limites impostos por hábitos desnecessários; talvez você descubra que pode viver sem assistir televisão duas semanas por mês. Outro ponto que você pode explorar é descobrir os horários de pico de energia (nos quais o consumo atinge seu máximo), que normalmente ocorrem no final da tarde e começo da noite, e fazer economia nestes horários. Aproveite para economizar dinheiro, além de aumentar sua consciência sobre a questão do meio ambiente. Solstícios e equinócios são ocasiões para rever e renovar os planos e compromissos com relação ao seu estilo de vida e questões relacionadas ao consumo dos recursos naturais.

Observe o Nascer e o Pôr-do-Sol

O nascer e o pôr-do-sol são os equivalentes diários aos solstícios; são os limites do dia, assim como os solstícios são os do ano. Conseqüentemente, representam oportunidades ideais para a religação com os ritmos biocósmicos da natureza.

Povos de culturas antigas louvavam o nascer e o pôr-do-sol como períodos para meditação, reflexão e renovação. A prática havaiana do *Ho'oponopono* consistia na avaliação do dia e na observação do Sol desaparecendo, enquanto, ao mesmo tempo, deixavam seus sentimentos de aversão e outros maus sentimentos se esvaírem. Quando o Sol estava nascendo, os najavos oravam: "Que eu possa viver feliz hoje!". Os arianos vedas e os antigos egípcios saudavam o Sol matinal com cerimônias e cantos.

O nascer do Sol traz a oportunidade de um recomeço, e o pôr-do-sol encerra descanso e passagem do mundo externo de deveres e eventos para a concentração em sonhos e idéias interiores simbolizados pelas estrelas.

Os povos antigos observavam o evento anotando os pontos de nascente e poente durante a jornada gradual do Sol para o norte e depois novamente para o sul, pois estes movimentos apresentavam evidências claras dos incrementos e dos estágios da passagem do ano.

Para os que vivem longe das grandes cidades, sem despertadores ou luz elétrica, é mais natural acordar antes do nascer do Sol, bem como observar sua posição diária.

Todos os fotógrafos sabem que a luz do pôr-do-sol é mágica; suas cores são suaves e douradas, e as paisagens parecem magníficas pinturas.

Para minha saúde física, mental, espiritual e emocional é fundamental simplesmente deixar de lado as questões diárias para simplesmente reconhecer, agradecer e abençoar o dia.

Nos dias de solstício, acorde a tempo de saudar o Sol e depois, à tarde, pare e preste atenção ao ocaso. Se possível, encontre um lugar para observar o horizonte, cuja visão não esteja obstruída pelos edifícios, e passe ao menos meia hora aproveitando os benefícios da luz solar sobre seus olhos, sistema nervoso, glândula pineal, etc. De manhã, diga para si mesmo, como dizem os navajos: "Que eu possa viver feliz hoje!". De tarde, faça como os havaianos e deixe sair de seu corpo todo o estresse, o desencorajamento ou a raiva que você possa ter acumulado durante o dia. Saúde o Sol, a Terra e a vida; a vida é muito maior que nossa existência pessoal. Respire profundamente.

CAPÍTULO 11

Crie Seu Próprio Festival de Solstício

Como vimos, os festivais de solstício sempre foram maneiras de as comunidades se renovarem. Atualmente, nossas comunidades precisam se renovar. Por comunidade, entenda-se um grupo de pessoas que vivem, trabalham, celebram ou se divertem juntas. Nas comunidades que se dedicam ao plantio e à caça, todo o grupo responsabiliza-se por suprir as necessidades gerais e individuais. Já na civilização industrial, as várias funções da comunidade estão fragmentadas em instituições como família, escola, corporação, igreja, clube, cidade, partido político e nação, entre outros. Cidades e nações cresceram, tornando-se impessoais e hierárquicas. As famílias sofrem com as tradições sociais, o que gera várias disfunções. As igrejas dissipam seu potencial de união social e de elevação do indivíduo com suas doutrinas teológicas imobilizadoras. As corporações e empresas são administradas como estados fascistas e oferecem pouca oportunidade para a expressão da criatividade e o lazer. O resultado é que muitas pessoas passam por poucas experiências comunitárias realmente enriquecedoras.

A comunidade real prospera na celebração e no lazer. Conseqüentemente, a revivescência dos festivais de solstício certamente constituirão a base fundamental para a cura e a religação dos nossos assuntos coletivos. As sugestões seguintes visam proporcionar o desenvolvimento de suas próprias idéias para celebrar os festivais.

Descubra Seu Ciclo

Quem são as pessoas que compõem sua comunidade? Com quem você gostaria de celebrar? Pense em sua família, amigos, vizinhos e colegas. Quais são os laços que vocês compartilham? Não se esqueça das crianças.

Considere a organização do evento. Procure ver a reunião a ser realizada como um trabalho em grupo ou, ao menos, como uma festa na qual uma pessoa serve de anfitrião.

Nas comemorações dos povos antigos, era comum as pessoas se reunirem em círculo para discutir assuntos comuns, pois assim cada um mantinha sua individualidade e, ao mesmo tempo, fazia parte do todo. Cada participante era visível e considerado pelos outros. Acho que essa é uma das melhores tradições antigas que deveria ser adotada e adaptada para os dias atuais. Mesmo que o número de participantes seja reduzido, formem um círculo.

Se estiver comemorando com os familiares, realize atividades que não incluam assistir televisão. Se for solstício de verão, organize uma atividade externa; se for solstício de inverno e as condições climáticas não permitirem atividades externas, organize aquelas internas agradáveis e divertidas. O que quer que seja que escolham fazer, certifique-se de que todos participem e que cada contribuição seja apreciada e bem recebida. Neste mesmo capítulo há sugestões de jogos.

Se estiver planejando celebrar com colegas, escolha um local fora do escritório e exclua bebidas alcoólicas da comemoração, uma vez que não se trata de uma comemoração típica como a de Natal, por exemplo. Organize jogos ou outros modos de quebrar as estruturas habituais de relacionamento, de forma que chefes, funcionários e gerentes possam ser apenas pessoas que estão participando de um evento juntas. Existem tensões interpessoais na empresa? Há alguma maneira de resolvê-las brincando?

Quando estiver comemorando com amigos, descubra um modo de iniciar a discussão sobre as esperanças individuais, sonhos e medos. Se os amigos sentirem-se seguros para falar sinceramente, as discussões deste tipo são quase sempre um profundo amparo para todos os envolvidos. Algumas vezes, uma cerimônia pode ajudar a criar uma atmosfera propícia para a abertura pessoal. Uma boa sugestão é pedir para cada integrante trazer uma oração, um poema ou uma música que represente seus sonhos e visões para os próximos seis meses.

Eu e minha esposa sempre comemoramos estes dias especiais. Organizamos uma vivência para comemorar o Samhain em nossa casa com quinze amigos. Este grupo se encontra regularmente para trocar idéias, compartilhar interesses, experiências, etc. Para esta ocasião especial, enviamos convites explicando o que é um Samhain (ver capítulo 2) e sugerimos que as pessoas nos comuniquem se participariam, a fim de podermos organizar os alimentos e as atividades (uma das quais inclui um potinho com moedas para dar sorte). O evento normalmente ocorre no sábado e então podemos passar mais tempo juntos. E encontramo-nos às 14 horas, caminhamos no parque e depois voltamos para preparar nossa refeição. À noite, começamos com uma cerimônia breve, na qual cada pessoa do círculo expressa seus votos de esperança ou lê uma oração para o ano que se aproxima. Depois (como em todos os encontros), novamente formamos um círculo e cada participante apresenta a essência de uma idéia ou experiência que gostaria de discutir com o grupo. Descobrimos que sempre que fazíamos esta vivência surgia imediatamente um consenso entre os participantes sobre os tópicos que valiam a pena ser discutidos. Durante as duas horas seguintes, seguia-se a discussão aberta baseada nos temas propostos e aceitos.

Ao organizar um festival para comemorar com seus vizinhos, colegas ou membros da mesma comunidade, tenha em mente a resposta para as seguintes questões: Como este festival pode atender aos interesses dos integrantes desta comunidade? Se o festival for aberto para a sociedade em geral, procure patrocinadores. Durante a celebração, mencione brevemente questões da comunidade relativas ao desenvolvimento da terra, à poluição, às creches, à assistência aos sem-teto, etc. Uma outra idéia é conversar com os grupos locais que já estejam integrados em ações sociais. Lembre-se de que seus vizinhos e amigos virão para passar momentos agradáveis, não para serem doutrinados ou importunados. Ao elaborar o convite do evento, seja sensível às crenças e limites dos convidados (é feitiçaria? É festa pagã? É Ano-Novo em que religião?) e busque integrar, jamais dividir as pessoas. Os ingredientes fundamentais das celebrações públicas são música, dança e comida.

Tenho a sorte de morar em um lugar onde os festivais de solstícios são aceitos como parte da vida da comunidade local. Há alguns anos, os autores Starhawk e Lusiah Teish organizam festivais de solstício de inverno na comunidade onde moram e cada vez mais pessoas têm participado do evento. Um destes eventos começou com Starhawk tocando tambores e todos juntaram-se a ele, batendo palmas ou usando outros instrumentos de percussão. Depois, os organizadores disseram algumas palavras sobre o processo de sentir os objetivos do ritual daquele ano, inspirados em temas de renovação e de esperança. Teish notou que, embora tivessem preparado com antecedência algumas atividades, "o espírito do grupo contou-lhes o que fazer". Depois disso, cantaram, oraram, tocaram tambores e dançaram por cerca de três horas no salão comunitário. A única fonte de luz era um lustre, em forma de bola, que girava refletindo-se nas paredes da sala, que parecia uma galáxia. A noite terminou com uma dança em que todos, de mãos dadas, cantavam: "Nascendo, nascendo, a Terra está nascendo; subindo, subindo, a maré está subindo". O festival pode ser comemorado de muitas maneiras; estas são apenas algumas sugestões.

Jogos Divertidos

Como vimos no capítulo 9, a brincadeira é um aspecto essencial de todas as celebrações sazonais e nada pode colaborar mais para o sucesso do evento do que divertidas atividades em grupo. Infelizmente os ocidentais associam jogos a competições e torneios esportivos. Como Alfie Kohn citou em seu livro *No Contest: The Case Against Competition*, a batalha para superar um oponente tende a consumir o divertimento dos esportes e das recreações:

> "Os fatores nos quais se baseiam as competições de caráter recreacional não requerem, necessariamente, aspectos competitivos. Não é preciso bater nas outras pessoas para divertir-se. Então, por que os jogos competitivos são tão populares? A primeira resposta é que a extensão de sua popularidade pode não ser tão grande como imaginamos, principalmente se a participação for a medida padrão. Muitas pessoas evitam a prática esportiva por falta de habilidade, de outros interesses, de aversão ao exercício, entre outros motivos. Há ainda muitas pessoas que não apreciam estas atividades exatamente por serem competitivas".[70]

Kohn aponta que os jogos competitivos impedem que os oponentes tenham relações amigáveis. Mesmo uma informal partida de tênis requer esforços de ambos os jogadores para que um deles perca. A alternativa são os jogos cooperativos, nos quais os jogadores são parceiros, não oponentes. Terry Orlick apresenta como exemplo a brincadeira das cadeiras. No jogo normal, é eliminada uma cadeira e uma criança de cada vez. Ele propôs que, em vez de cada cadeira ser retirada, todos os jogadores tentariam sentar-se nas cadeiras que sobraram. Ao final, segundo Orlick "todas as 20 crianças que começaram o jogo estarão divertindo-se em uma cadeira, enquanto no outro modo de jogar haveria 19 crianças desapontadas olhando o ganhador em uma única cadeira".[71]

Nas atividades em grupo, Jeffrey Sobel recomenda "a escolha cooperativa":

> "Ninguém gosta de ser escolhido por último, mas alguém tem de ser, certo? Errado! Nas festas de crianças, faça um time com os que façam aniversário nos primeiros seis meses do ano e outro com os que fazem aniversário no segundo semestre, ou ainda use as iniciais dos nomes para formar os grupos".[72]

---
70. Alfie Kohn, *No Contest*, p. 91.
71. Terry Orlick, *The Cooperative Sports and Games Book*, p. 31.
72. Jeffrey Sobel, *Everybody Wins*, p. 53.

Estes são alguns autores que escreveram livros de atividades não-competitivas, mas há muitos outros. Orlik ressalta que os jogos competitivos e organizados, principalmente os promovidos com interesse profissional, estão substituindo aqueles cooperativos em quase todas as sociedades. Ele argumenta que "antes que todos os traços de capacidades cooperativas e de compartilhamento desapareçam, precisamos recuperar o importante lugar que ocupam nas nossas vidas e na vida de nossas crianças".[73]

Allan e Paulette MacFarlan citam que "tempo e estações eram importantes em muitas brincadeiras dos índios".[74] Em seu livro sobre jogos indígenas, citam a brincadeira com pedras ou cristais, na qual cada jogador recebe certo número de cristais/pedras e o líder diz o nome da constelação que o grupo tem de montar. Citam também jogos de adivinhação que envolvem elementos de oportunidade (esconde-esconde) ou físicos (cabra-cega).

Dançando e Cantando

Atualmente, tanto nos círculos Nova Era como em outros grupos é comum o uso de tambores. Nossa geração é composta por consumidores de música devido à disponibilidade de músicas gravadas. Nas sociedades primitivas, a música era muito importante; desde a infância até a idade adulta todos cantavam, dançavam, tocavam tambores e participavam de todas as atividades. No mundo moderno, a especialização ocupa posição de destaque e, portanto, somente os mais talentosos, persistentes aprendem a tocar algum instrumento. Poucos são os que têm a chance de sequer apreciar uma boa música. Há resultados positivos nesta especialização; no entanto, milhões de pessoas perdem a oportunidade da auto-expressão concedida pela música por acreditarem que não têm talento suficiente para equiparar-se aos parâmetros profissionais.

A solução, naturalmente, é simplificar e democratizar a experiência, de forma que todos possam participar.

Os fundamentos musicais são vozes e corpo, tonalidade e ritmo. O primeiro som que todos ouvimos foi a batida do coração da mamãe. Depois, ouvimos sua voz, a vibração e timbre conduzidos pelos ossos e tecidos.

Pode ser que você sinta que só precisa de um tambor e de uma vela para comemorar o solstício. Compre ou faça um tambor e guarde-o como um objeto sagrado. Diariamente, passe pelo menos dez minutos tocando. Comece com ritmos simples e aprenda a tocar um de cada vez, mantendo a constância e a cadência. Seja persistente e mantenha o mesmo ritmo por dez a vinte minutos e você perceberá que será induzido a um leve transe.

---

73. Terry Orlick, *The Second Cooperative Sports and Games Book*, p. 231.
74. Allan and Paulette MacFarlan, *Handbook of American Indian Games*, p. 253.

$\frac{4}{4}$ ♩. ♩. ♫ | ♩. ♩. ♫ | ♩. ♩. ♫ | etc.

Ouça diferentes tipos de sons produzidos por tambores, como os nativos norte-americanos, os africanos, os latino-americanos, os orientais, etc.

Pratique o canto da mesma forma; basta alguns minutos por dia aprendendo a cantar com o coração. Você pode aprender também danças folclóricas, especialmente as realizadas em círculo. Uma dança especialmente indicada para grandes festas de solstício é a em espiral. O grupo começa em círculo de mãos dadas. O líder tocando o tambor e cantando leva uma das pontas do grupo para dentro do círculo, em direção ao centro, mantendo a formação circular. Depois de alcançarem o centro, o líder irá virar, de modo que a espiral dobrar-se-á sobre si mesma. Como é formada uma fileira, cada dançarino tem a oportunidade de saudar o outro. Ao final, a linha pode formar o círculo ou começar novamente.[75]

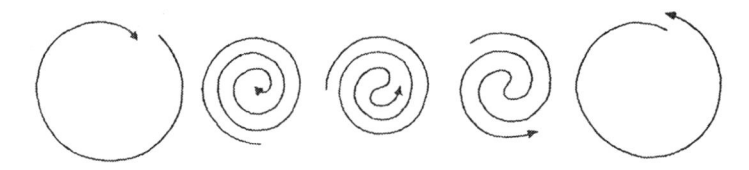

Dança em espiral.

Realize uma Cerimônia

Cerimônias ou rituais são indicados para círculos fechados ou de iniciados e são, essencialmente, ferramentas de concentração e mudança de estado de consciência.

Um ritual torna-se estéril ou insincero se for realizado sem envolvimento emocional autêntico. Por outro lado, cerimônias com conteúdo emocional muito poderoso podem ser usadas com fins manipuladores e temos inúmeros exemplos de utilização destes eventos com finalidades religiosas e políticas. Portanto, é muito importante que a cerimônia seja usada de modo inteligente e para fins claramente compreendidos por todos os envolvidos. Como líder ou participante, seu objetivo não deve ser influenciar ninguém (seja dentro ou fora do grupo), mas fornecer meios de transformação autodirigida para si mesmo e para os outros.

Algumas cerimônias marcam ritos de passagem: o começo ou fim de um relacionamento, a puberdade, a saudação de um novo membro da co-

---
75. Disponível em Serpentine Music, P. O. Box 1667, Forestville, CA 95436.

munidade, a despedida de alguém que parte, o luto ou a celebração do começo ou fim de um projeto ou carreira. Você, seus amigos, sua família ou sua comunidade estão vivendo o começo ou o fim de um ciclo importante? Talvez toda ou parte da celebração de solstício possa ser usada para destacar este ciclo.

De acordo com Lynda Paladin em seu livro *Ceremonies for Change*, "é uma oportunidade de falar com sua mente subconsciente de maneira simbólica, da mesma forma como ocorre em sonhos".[76] Descubra os símbolos apropriados daquilo que você gostaria de ativar ou libertar-se. Normalmente, os objetos comuns podem servir para representar a chave ao ciclo de mudança que você quer celebrar: uma pena ou a chama de uma vela representam o espírito; uma borboleta, a transformação; o círculo, a completude ou a unidade; uma xícara, nutrição ou abundância; fumaça, purificação; uma semente, o potencial para crescimento, esperança ou uma idéia. Depois de decidir o símbolo, descubra sua ação simbólica. Por exemplo, a libertação pode ser simbolizada por queimar algo em uma fogueira, parti-lo em pedaços, enterrá-lo ou jogá-lo fora. Já a passagem pode ser representada pelo movimento do símbolo de um lugar para outro ultrapassando um limite, banhando-se ou purificando-se com incensos. A afirmação pode ser representada colocando-se o objeto simbólico no altar, em um lugar especial, ou descobrindo-o.

Além das atividades que envolvem símbolos, a cerimônia pode incluir elementos que colaborem para o estado de concentração da consciência. Você pode selecionar determinada citação, oração, bênção para ler ou recitar, em determinado momento do ritual. Podem também ser estabelecidos os limites da cerimônia no tempo e no espaço, definindo a área com uma substância simbólica, como a água, ou sincronizando a abertura e o encerramento da cerimônia com o movimento do Sol ou da Lua em relação à linha do horizonte. Abra a cerimônia com a declaração de uma intenção, descrevendo o propósito da cerimônia. Compartilhe uma pequena quantidade de alimento ou de bebida para reafirmar a intenção comum. Encerre a cerimônia centralizando sua atenção na nova realidade, em direção à qual você procura mover-se. Trata-se de um momento de renascimento simbólico e de renovação de seu mundo; então, celebre-o com cantos, abraços e risos.

Uma boa cerimônia é, em muitos aspectos, um bom *show*. Deve ser agradável e prender a atenção, além de significativa. Tudo é importante para estimular os sentidos: movimento (danças, gestos); som (tambores, cantos, sinos, chocalhos); sabores (ervas e alimentos amargos, doces, ácidos e salgados); aromas (flores, óleos essenciais, incenso); toque (seguran-

---

76. Linda Paladin, *Ceremonies for Change*, p. 56. Muitas das sugestões nesta seção foram retiradas deste interessante livro que focaliza, especificamente, o uso pessoal do ritual e da cerimônia para indicar mudanças significativas na vida.

do as mãos, passagem de objetos ritualísticos); atenção visual (decoração do espaço, cores, tecidos, iluminação).

As cerimônias que têm mais sucesso são as que estão intercaladas às outras atividades diárias e que são relevantes aos interesses de todos os presentes. Citamos como exemplo um evento organizado anualmente por 15 pessoas de uma comunidade rural para celebrar o solstício de verão. Há muitos anos elas organizam esta comemoração e uma delas reuniu 60 pessoas. Logo após o meio-dia, os membros da comunidade indicavam o início das festividades soando uma corneta e todos caminhavam até a Colina do Solstício, de onde se avistava o oceano. O grupo formou uma procissão e partiu, atravessando um portão enevoado com a fumaça da artemísia. Ao chegar no alto da montanha, formaram um círculo ao redor de um altar preparado. Um dos integrantes do grupo, vestido com trajes de xamã, contou uma história dos índios nativos norte-americanos sobre o coiote. Depois, começaram os cantos, e um jarro com água foi passado de mão em mão. A água simbolizava o poder nutritivo da natureza e também sua vulnerabilidade, pois trata-se de um recurso muito precioso. Cada um dos membros do círculo consagrou-se com a água e então proclamou uma esperança ou prece para o futuro. As preces variaram do pessoal ao universal, desde um simples "tenha um verão feliz e criativo" até pedidos de proteção da terra, dos animais e dos nativos. Depois de cantar outra música, o grupo reuniu-se em círculo para a dança em espiral acompanhada por tambores. No total, a cerimônia durou duas horas. No restante da tarde, divertiram-se com música e comidas.

Cerimônias com Doações

Um meio particularmente conveniente para comemorar os solstícios é dando e recebendo presentes.

O exemplo descrito é uma adaptação de um costume tribal muito comum. Nas comunidades agrícolas de muitas partes do mundo, o excedente de alimento anual era distribuído nos festivais sazonais. Em muitos casos, o excedente era dado ao líder, que tinha o dever de doá-lo para o festival. Ele adquiria prestígio desta maneira, e os líderes competitivos podiam disputar para ver não quem podia acumular mais riqueza, mas sim quem podia fazer mais doações.

Para as nações nativas norte-americanas das planícies e do noroeste do pacífico, esta prática era uma característica antiga e essencial da economia tribal. No entanto, os fazendeiros brancos viam estas práticas como uma ameaça aos valores capitalistas que buscavam impingir à população nativa. A prática das oferendas e o *potlatch* (nome da prática entre os índios estabelecidos a noroeste do pacífico) foram desencorajados e até mesmo banidos legalmente. Os índios passaram a valer-se de medidas heróicas para continuar mantendo seus costumes diante da perseguição e da punição.

Em muitas sociedades tribais, o prestígio não tinha significado por si mesmo. Na verdade, manter excedente enquanto alguém passava necessidade era considerado vergonhoso. Na maior parte das sociedades que praticavam a doação, a máxima socialista "dê a cada um de acordo com a habilidade, para cada um de acordo com a necessidade" era colocada em prática de maneira mais efetiva que no caso das nações comunistas industriais do século XX. Na tribo, os valores da comunidade não eram decretados nem tampouco impostos por uma autoridade centralizada; tinham raízes profundas na cultura e eram espontaneamente preservados e manifestados na rotina diária de cada família e entre as aldeias.

O festival de solstício é a ocasião ideal para retomar esta prática, que pode ser realizada de maneiras simples, como trazer alimentos, roupas e outros itens úteis para a troca entre os participantes ou ainda servir como função simbólica se cada participante usar sua doação para representar a essência da transformação da vida. Neste caso, no próprio convite do evento devem estar incluídas as instruções de como escolher uma doação simbólica. O objeto selecionado deve servir como base para uma história. Esta história seria um desafio recente ou atual vivenciado pelo participante e pode ser uma vitória, uma passagem, uma perda, etc., e o símbolo é um marco da transição da vida, um modo de liberar energias armazenadas e afirmar o crescimento. Caso a experiência que está sendo simbolizada seja penosa, então o objeto escolhido deve representar a resolução desejada ou real; afinal, este objeto será presenteado, e a idéia não é passar o problema, mas sim oferecer a quem o recebe a oportunidade de compartilhar o processo de empenho e de transformação vivenciado por alguém.

Assim que os participantes chegarem ao local do evento, os organizadores deverão indicar onde os símbolos deverão ser colocados, normalmente em um lugar no meio da sala ou do espaço limitado para a realização do evento. Depois que todos chegarem, poderão sentar-se em círculo, em volta da mesa, com as oferendas e a cerimônia iniciar-se-á com orações, cantos ou leitura. Um dos organizadores selecionará cuidadosamente um objeto e perguntará qual a história ele contará, e o participante que o trouxe explicará seu significado. A pessoa que escolher ficar com esta oferenda, contará o que ela significa. Quem deu o primeiro presente selecionará um outro objeto, e assim sucessivamente, até que todos tenham dado e recebido presentes.

Se o grupo for grande, o ideal é estabelecer um tempo-limite para as histórias. Normalmente, o presente passa a ter muito significado tanto para quem o deu quanto para quem o recebeu. A cerimônia termina com música, dança e alimentos.

A Reunião de Todos os Seres

Pode ser que você opte por realizar um ritual para a comunidade que se estenda além da espécie humana, para os demais grupos de vida interligados do planeta, utilizando a ocasião dos solstícios para dramatizar o lamento coletivo e a esperança pela natureza e pela cultura. Um ritual poderoso é o que foi desenvolvido por Joanna Macy, John Seed e Pat Fleming e que se chama a *Reunião de Todos os Seres*.

As características do evento são variáveis; por exemplo, o número de participantes pode variar de menos de 12 pessoas a mais de 100, incluindo pessoas de todas as idades (crianças menores de dez anos devem estar acompanhadas); o evento pode durar duas horas ou quatro dias.

O propósito essencial da reunião é habilitar os participantes a expressar e a canalizar os sentimentos de aflição, de desespero e de raiva que muitos de nós sentimos ao ver a Terra e suas criaturas sendo destruídas ante nossos olhos. Nossa tendência é negar os sentimentos e deixar-nos levar pelo entorpecimento, pois tememos que nada possamos fazer para ajudar ou ainda que nossos sentimentos, se reconhecidos, possam nos esmagar. John Seed escreveu:

> "A recusa dos sentimentos custa-nos muito caro, pois empobrece tanto a nossa vida de sensações como os aspectos emocionais... Experiências com grupos de trabalho demonstram que o desespero, a lamentação e a raiva podem ser confrontados, vivenciados e criativamente canalizados. Longe de sermos esmagados por tais sentimentos, o que ocorre de fato é a liberação de nova energia, de criatividade e de entendimento. O desbloqueio destes sentimentos também nos abre para vivenciar nossa interligação fundamental com a vida em suas variadas formas. Normalmente, após tais experiências, as pessoas juntam-se para formar grupos de suporte ou unir-se àqueles já existentes para levar a cabo ações visando a paz e/ou questões ambientais".[77]

A reunião tem três elementos básicos: lamentação, recordação e discurso, partindo da perspectiva de outras formas de vida.

A lamentação pode ser realizada na forma de contar histórias. Cada participante conta uma experiência de vida na qual se sentiu profundamente ligado ao mundo natural e/ou padeceu de sofrimento pelo que acontece com ele. Os participantes podem também preparar uma lista das espécies em perigo de extinção. Após a leitura, os participantes são encorajados a expressar seus sentimentos de honra pela passagem destas espécies ou de lamentação por sua perda.

---

77. John Seed, Joanna Macy, Pat Fleming, Arne Naess, *Thinking Like a Mountain: Towards a Council of All Beings*, p. 8.

Exercícios de recordação objetivam nos ajudar a recuperar a história de nosso próprio planeta e os milênios desconhecidos da pré-história, a história durante a qual os seres humanos viviam em sagrada interdependência com os outros seres. Os participantes podem ler textos sobre a criação de mitos nas culturas mundiais. Depois, um líder convida os participantes para realizarem juntos a meditação guiada: um narrador recita os estágios básicos do desenvolvimento evolucionário da vida na Terra, desde a formação da célula, passando pelos répteis e mamíferos, e, a cada estágio, os participantes são encorajados a imaginarem a si mesmos em cada um destes estágios e a movimentarem-se de acordo com cada um. Algumas pessoas podem preferir ficar simplesmente quietas. Ao final da prática, que deve durar cerca de uma hora, as pessoas podem discutir em pares como sentiram-se sendo um animal. Você pode criar outras alternativas para este mesmo exercício.

O auge da reunião é o processo de identificar-se com outra forma de vida. Após passarem algum tempo sozinhos identificando-se com os seres naturais, os participantes preparam máscaras. Depois, defumam-se com incenso e untam-se com água fresca para começar o ritual. Voltados para cada uma das quatro direções, invocam os poderes da natureza e os seres dos três tempos: os que cuidaram da Terra no passado, os que a estão salvando no presente e os do futuro, para quem a Terra está sendo preservada. Cada participante apresenta-se contando quem está representando: sou a montanha, sou uma ave, sou um inseto. A atividade continua com alguns participantes retirando a máscara e sentando-se no meio do círculo para representar a humanidade e ouvir a história dos outros.

> "Eu sou a floresta... Você me destrói sem piedade, derruba muitas de minhas árvores por um pouco de madeira... Por sua causa, a camada densa de precioso solo é arrastada para longe... Suas máquinas gritantes rasgam meu tronco, dilaceram minha carne, reduzindo-me a pó de serra e a mobília."[78]

Ao final, um humano (um dos que está no centro do círculo) diz: "ouvimos vocês companheiros. Sentimos a opressão. Vocês precisam de nossa ajuda. Há poderes que vocês podem dividir conosco nestes tempos difíceis? Cada ser oferece sua força como fonte para ajudar os outros, remove a máscara e junta-se aos humanos no centro. Os humanos exclamam como se fizessem parte de um só organismo e encerram a reunião. O fechamento não pode ser previsto em detalhes, uma vez que sua natureza depende do que ocorreu na dinâmica. As vidas invocadas devem ser ritualmente liberadas com agradecimento. Mais tarde os participantes podem dedicar-se a meditar e a compartilhar as experiências individuais ou festejar com cantos e danças.

---

78. Ibidem, pp. 85-88.

O Solstício de Junho – O Festival do Divino Feminino

No capítulo 9 dissemos que o solstício de junho é um festival esquecido. Também ressaltamos que precisamos de um festival para celebrar o divino feminino na cultura ocidental. Gostaria de propor que o solstício de junho fosse dedicado ao espírito feminino e à natureza: animais, ervas, flores, árvores, gramados e pássaros.

Como vimos, o solstício de dezembro encerra resíduos míticos de muitos séculos de observações do Natal e do Ano-Novo que são associações importantes, à medida que indicam pontos de conexão com os ritos de solstício praticados no período neolítico. No entanto, nossa livre criatividade de celebração do solstício fica inibida diante da relevância das comemorações de Natal e de Ano-Novo. Para os europeus e norte-americanos, restaram poucas associações culturais relativas ao solstício de junho, o que é um indício de que a data está em aberto e talvez seja a única oportunidade para uma renovação cultural em que todos podem participar.

O solstício de junho pode ser um dia de louvor a todas as deusas e representações do divino feminino: Maria, Gaia, Ísis, Inanna, Hathor, Ceres, Ishtar, Sofia, Kali, Kuan-Yin, Amaterasu, Oshun, Buffalo Calf Woman, Demeter, Mulher Aranha, Parvati, Lakshmi, Magna Mater, etc.

O solstício de junho pode também ser uma ocasião para celebrar as qualidades *yin*, como nutrição, unidade, espontaneidade e ausência de julgamento. Enquanto as qualidades *yang* relacionam-se com o processo de individualização, as *yin* destacam os relacionamentos. *Yang* é casual e seqüencial e *yin*, inexplicável e simultâneo. *Yin* relaciona-se a Eros, que Carl Jung considerava o arquétipo dos relacionamentos. Eros nutre e abarca todos os seres oferecendo proteção e suporte sem críticas, mas também é passional, selvagem, sensual, irracional e extático. Em seu aspecto negativo, é a deusa que dissolve a forma levando ao caos.

O solstício de junho também é um momento para relembrar a mulher na história. Naturalmente, a história, como tem sido contada, é uma sucessão de lutas para o controle da terra e de recursos, ou seja, é o passado visto pelos poderosos e vitoriosos. Poucos se importam em saber que os livros de história estão repletos de nomes de homens e mulheres normalmente mencionados devido à função que desempenharam. A história sempre tem mais de um significado ou interesse se deliberadamente assumimos isso do ponto de vista dos dominadores ou dos dominados, como, por exemplo, no caso dos índios, dos africanos ou das mulheres. Como Riane Eisler citou em seu livro *Chalice and the Blade*, a história é repleta de ciclos nos quais os valores cruéis, repressivos e masculinos alternam-se com os de igualdade, de criatividade e femininos. Ela cita o início do período cristão, elizabetano na Inglaterra, a renascença italiana e o iluminismo como exemplos de momentos históricos nos quais as mulheres tiveram mais liberdade, acesso à educação, influência social e quando os valores femininos estavam em ascendência, conforme evidenciado pela reduzida repressão social, sexual e ênfase nas artes.

Alguns exemplos de mulheres que contribuíram para a história e a cultura: Themestoclea e Diotema (professoras de Pitágoras e Sócrates), a poetisa Sappho, a herborista medieval Hildegard de Bindgen, a mística Julian de Norwich, a humanista Florence Nightingale, as feministas do século XIX Lucy Stone, Margaret Fuller, Mary Lyon, Elizabeth Cady Stanton e Susan B. Anthony, as escritoras George Sand, Maya Angelou, Rachel Carson, Simone de Beauvoir, Emily Dickinson, Alice Walker, Helen Keller e Gertrude Stein. Uma sugestão para a comemoração do solstício de junho é ler uma breve biografia de uma mulher que você admira ou mesmo os textos que elas escreveram.

Para que a celebração do feminino seja autêntica, a organização do festival deve ficar a cargo de mulheres. Não é necessário excluir os homens, mas as decisões principais devem ser tomadas pelas mulheres.

Como vimos no capítulo 8, o fogo sempre foi importante nesta celebração de solstício, talvez porque simbolize tanto a transformação como a dissolução da forma no caos, que são os aspectos positivos e negativos do divino feminino. Descubra um modo de incluir o fogo na cerimônia ou festival, mesmo que seja uma vela. Seja cuidadoso se decidir acender uma fogueira e tome as precauções para que o fogo não se alastre.

Qualquer uma das atividades que sugerimos nos capítulos 10 e 11 podem ser aplicadas no festival do solstício de junho: danças, cantos, jogos cooperativos, reunião de todos os seres, presentes, cerimônias de passagem, etc. O divino feminino vem à tona primariamente por meio das diferenças sutis e da intenção. O inverno é naturalmente um tempo de introspecção, de examinar a direção da vida e de renovar os compromissos, enquanto o verão é um tempo de liberação emocional. Nas comemorações do solstício de junho, inclua o arquétipo de Eros através de som, dança, alimentos e brincadeiras. Se possível, organize a celebração ao ar livre e passe a maior parte do tempo em contato com a terra, as árvores, os animais e as ervas.

▼ ▼ ▼

Vivemos um período delicado e perigoso. Estamos ameaçados por guerras, catástrofes naturais súbitas e esmagadoras e por uma acelerada erosão cultural. De certa forma, sabemos como lidar com as feridas das batalhas, do fogo, dos terremotos e dos furacões, mas ficamos mudos e desamparados ante as crises que se acumulam gradualmente, trazidas por nosso próprio estilo de vida e valores.

A maior crise com a qual nos deparamos é a superpopulação, fato que não ocorre apenas no terceiro mundo, mas também em países ricos, onde o aumento de população representa a exaustão desproporcional de recursos. Uma das características primárias de uma cultura saudável e feliz é aquela que mantém o tamanho de sua população humana estável. No entanto, repetidamente nos últimos 10 mil anos, as culturas excederam os limites da capacidade ambiental de manter a vida sempre com conseqüências desastrosas.

Desde o surgimento da agricultura, a pressão populacional serviu como fator decisivo para a ascensão e a decadência das civilizações. Agora, tendo criado a primeira e verdadeira economia global, estamos em processo de juntar cada pedaço de terra arável do planeta em um grande canteiro para alimentar nossa vasta e crescente população humana. Criamos uma civilização da qual não podemos escapar. A conseqüente perda de áreas despovoadas, da profundidade cultural humana e da diversidade é incalculável.

Precisamos de ajuda para lidar com estas mudanças furiosas e incertas. Precisamos de formas culturais que nos ajudem a celebrar a vida em meio ao sofrimento e à morte. Agora, talvez, e mais do que nunca precisamos dos festivais para nos unirmos, para curar a nós mesmos e o mundo, para nos ajudar a restaurar a natureza e a cultura.

A celebração dos solstícios pode exercer importante função em nossos esforços com relação à renovação cultural; no entanto, um festival sazonal não é um fim em si mesmo. Talvez um dia, se formos capazes de redescobrir a fonte da qual jorra a cultura, recuperaremos a infinita e espontânea abertura para a vida, como a de nossos ancestrais. Para eles não era preciso medir as estações ou registrar dados, pois conheciam mais sobre o comportamento dos animais, o paladar, os aromas, a aparência das plantas, a chuva, o calor e a qualidade do vento do que sobre os movimentos solares.

Agora, estamos distante desta condição e somos duplamente alienados: se a adoção da agricultura conduziu à primeira cisão entre humanidade e natureza, o industrialismo levou esta divisão ao extremo. A partir do ponto em que estamos, não podemos simplesmente saltar de volta para a natureza; precisamos forjar nossos laços com a terra, as árvores, os pássaros, as estações e os ciclos, além de cuidar das comunidades humanas. Quem sabe as celebrações dos solstícios possam disparar as memórias instintivas do tempo em que a Grande Deusa presidia uma era mais pacífica e criativa que a nossa. Assim, aprendendo a nos unir, também nossas mãos, olhos, ouvidos e corações responderão, uma vez mais, aos ritmos naturais e nos encontraremos despertando para memórias que ainda estão profundamente arraigadas dentro de nós. Este pode ser um processo cuja realização reside muitas gerações à frente. Nossa função não é colher os benefícios da regeneração cultural; antes, é dispersar suas sementes e encontrar nossa recompensa na semeadura.

Portanto, vamos nos alegrar por estarmos vivos, e a vida é boa. Você escolheu celebrar sozinho, com familiares ou com amigos, no campo ou na cidade, no verão ou no inverno. Que possam todos os seus solstícios serem tempos de renovação!

Bibliografia

Anderson, Willian. *The Green Man: The Archetype of our Oneness with the Earth.* London: HarperCollins, 1990.

Andruss, Van, et al., eds. *Home! A Bioregional Reader.* Santa Cruz: New Society, 1990.

Aveni, Anthony. *Empires of Time: Calendars, Clocks, and Cultures.* New York: Basic Books, 1989.

Bancroft, Anne. *Origins of the Sacred: The Spiritual Journey in Western Tradition.* London: Arkana, 1987.

Beard, Mary. *Woman as a Force in History.* New York: Macmillan, 1946.

Beck, Peggy V., and Anna L. Walters. *The Sacred: Ways of Knowledge, Sources of Life.* Navajo Nation: Navajo Community College, 1977.

Becker, Robert O., and Gary Selden. *The Body Electric: Electromagnetism and the Foundation of Life.* New York: Morrow, 1985.

Beckwith, Martha. *Hawaiian Mythology.* Honolulu: University of Hawaii Press, 1970.

Berg, Peter. *Figures of Regulation: Guides for Re-Balancing Society with the Biosphere*, San Francisco: Planet Drum Foundation, n.d.

Black Elk, with Joseph Epes Brown. *The Sacred Pipe: Black Elk's Account of the Seven Rites of the Oglada Sioux.* New York: Penguin, 1971.

Brown, Peter Lancaster. *Megaliths, Myths and Men: An Introduction to Astro-Archeology.* New York: Taplinger, 1976.

Brown, Tom, with Brandt Morgan. *Tom Brown's Field Guide to Nature Observation and Tracking.* New York: Berkley, 1983.

Budge, E. A. Wallis. *The Gods of the Egyptians.* New York: Dover, 1969 (reimpressão).

Calvin, Willian H. *How the Shaman Stole the Moon: In Search of Ancient Prophet-Scientists from Stonehenge to the Grand Canyon.* New York: Bantam, 1991.

Campbell, R. J. *The Story of Christmas.* New York: Macmillan, 1934.

Cooke, Ian. *Mermaid to Merrymaid, Journey to the Stones: Nine Walks to Ancient Sites in the Land's End Peninsula,* Cornwall. Penzance: Men-an-Tol Studio, 1987.

Cornell, James. *The First Stargazers: An Introdoction to the Origins of Astronomy.* New York: Scribner's, 1981.

Cunningham, Nancy Brady. *Feeding the Spirit.* San Jose: Resource Publication, 1988.

Devereux, Paul. *Places of Power.* London: Blandford, 1990.

Donaldson, O. Fred. *Playing by Heart: The Vision and Pratice of Belonging.* Deerfield Beach, Florida: Health Communications, 1993.

Eisler, Riane. *The Chalice and the Blade: Our History, Our Future.* San Francisco: Harper & Row, 1987.

Ereira, Alan. *Elder Brothers.* New York: Knopf, 1992.

Eliade, Mircea. *Cosmos and History: The Myth of the Eternal Return.* New York: Harper & Row, 1959.

———. *Rites and Symbols of Initiation*: *The Mysteries of Birth and Rebirth.* New York: Harper & Row, 1958.

Feuerstein, Georg. *Sacred Sexuality: Living the Vision of the Erotic Spirit.* Los Angeles: Tarcher, 1992.

Foley, Daniel J. *The Christmas Tree.* Philadelphia: Chilton, 1960.

Frazer, Sir James George. Mary Douglas, ed. *The Illustrated Golden Bough.* Garden City, N. Y.: Doubleday, 1978.

———. Theodor H. Gaster, ed. *The New Golden Bough.* New York: Mentor, 1964.

Gater, Theodor H. *New Year: Its History, Customs, and Superstitions.* New York: Abelard-Shuman, 1955.

Gipper, Helmut, in R. Pinxten, ed. *Universalism and Relativism in Language and Thougth.* The Hague: Mouton, 1976, p. 226.

Gleadow, Rupert. *The Origin of the Zodiac.* New York: Athenium, 1969.

Hadingham, Evan. *Early Man and the Cosmos.* New York: Walker, 1984.

Hamilton, Annette. *Nature and Nurture: Aboriginal Child-rearing in North-central Arnhem Land.* Canberra: Australian Institute for Aboriginal Studies, 1981.

Hart, Mickey. *Drumming at the Edge of Magic: A Journey into the Spirit of Percussion.* San Francisco: Harper, 1990.

Heinberg, Richard. *Memories and Visions of Paradise: Exploring the Universal Myth of a Lost Golden Age.* Los Angeles: Tarcher, 1989.

Hudson, Travis, and Ernest Underhay. *Crystals in the Sky: An Intellectual Odyssey Involving Chumash Astronomy, Cosmology and Rock Art.* Socorro, New Mexico: Ballena Press, 1978.

Hunt, Jean. *Tracking the Flood Survivors.* Shreveport, Louisiana: Hunt, 1988.

Imber-Black, Eban and Janice Roberts. *Rituals for Our Times: Celebrating, Healing, and Changing Our Lives and Our Relantioships.* New York: HarperCollins, 1992.

Karas, Sheryl Ann. *The Solstice Evergreen.* Lower Lake, Calif.: Aslan, 1991.

Kohn, Alfie. *No Contest: The Case Against Competition.* Boston: Houghton Mifflin, 1992 (segunda edição).

Krupp, E. C., ed. *In Search of Ancient Astronomies.* Garden City: Doubleday, 1977.

———. *Beyond the Blue Horizon.* New York: HarperCollins, 1991.

———. *Echoes of Ancient Skies.* New York: Harper & Row, 1983.

Kuper, Hilda. *An African Aristocracy.* London: Oxford University Press, 1969.

———. *The Swazi: A South African Kingdom.* New York: Holt, Rinehart and Winston, 1964.

LaChapelle, Dolores. *Earth Wisdom.* Silverton, Colo.: Finn Hill Arts, 1978.

———. *Sacred Land, Sacred Sex: Rapture of the Deep.* Durango: Kikaví, 1988; segunda edição: 1992.

———. *Earth Festivals.* Silverton, Colo.: Finn Hill Arts, 1976.

Lockyer, J. Norman. *The Dawn of Astronomy.* Cambridge: M.I.T. Press, 1964. (Primeira edição, London: Cassell, 1894.)

Luce, Gay Gaer. *Biological Rhythms in Human & Animal Physiology.* New York: Dover, 1971.

Macy, Joanna. *Despair and Personal Power in the Nuclear Age.* Santa Cruz: New Society Publishers, 1983.

Mails, Thomas E. *Secret Native American Pathways: A Guide to Inner Peace.* Tulsa, Oklahoma: Council Oak Books, 1988.

Margolin, Malcom. *The Earth Manual: How to Work on Wild Land Without Taming It*. Berkeley: Heyday, 1985.

Marlin, William. "When Ancient Basilica Becomes a Sundial". *The Christian Science Monitor*, January 21, 1977.

Merchant, Carolyn. *Radical Ecology: The Search for a Livable World*. New York: Routledge, 1992.

Michell, John. *A Little History of Astro-Archaelogy*. London: Thames & Hudson, 1989.

———. *The New View Over Atlantis*. San Francisco: Harper & Row, 1986.

Miles, Clement A. *Christmas Customs and Traditions: Their History and Significance*. New York: Dover, 1976.

Mills, Stephanie. *Whatever Happened to Ecology?* San Francisco: Sierra, 1989.

Murray, Margaret A. *The Witch-Cult in Western Europe*. New York: Oxford University Press, 1971.

Olson, Carl, ed. *The Book of the Goddess Past and Present*. New York: Crossroad, 1989.

O'Neil, W. M. *Time and the Calendars*. Sydney: Sydney University Press, 1975.

Paladin, Linda S. *Ceremonies for Change: Creating Personal Ritual to Heal Life's Hurts*. Walpole, NH: Stillpoint, 1991.

Pike, Royston. *Round the Year with the World's Religions*. New York: Schuman, 1950.

Rifkin, Jeremy. *Time Wars: The Primary Conflict in Human History*. New York: Henry Holt, 1987.

Roys, Ralph L. *The Book of Chilam Balam of Chumael*. Norman, Oklahoma: University of Oklahoma Press, 1967.

Seed, John; Joanna Macy, Pat Fleming, and Arne Naess. *Thinking Like a Mountain: Towards a Council of All Beings*. Philadelphia: New Society Publishers, 1988.

Sobel, Jeffrey. *Everybody Wins: 393 Non-Competitie Games for Young Children*. New York: Walker, 1983.

Sproul, Barbara. *Primal Myths: Creating the World*. San Francisco: Harper & Row, 1979.

Starhawk. *The Spiral Dance: A Rebirth of the Ancient Religion of the Great Goddess*. San Francisco: Harper & Row, 1979.

———. *Truth or Dare: Encounters with Power, Authority, and Mystery*. San Francisco: Harper, 1987.

———. *Dreaming the Dark: Magic, Sex & Politics*, Segunda edição. Boston: Beacon, 1988.

Stencel, Robert; F. Richard, and David H. Clark. "Astronomy and Cosmology in Angkor Wat." *Science*, 193 (4520) [23 de julho de 1976], pp. 281-287.

Stone, Merlin. *When God Was a Woman*. New York: Harcourt Brace Jovanovich, 1976.

Swan, James A., ed. *The Power of Place*. Wheaton, Il.: Quest, 1991.

Thurley, Elizabeth Fusae. *Through the Year in Japan*. London: Batsford, 1985.

Tompkins, Peter. *Mysteries of the Mexican Pyramids*. New York: Harper & Row, 1976.

———. *Secrets of the Great Pyramid*. New York: Harper & Row, 1971.

Tompkins, Ptolemy. *This Tree Grows out of Hell: Mesoamerica and the Search for the Magical Body*. San Francisco, Harper San Francisco, 1990.

Tree People, with Andy and Kate Lipkis. *The Simple Act of Planting a Tree*. Los Angeles: Tarcher, 1990.

Wilhelm, Richard, and Cary F. Bayners, trads. *The I Ching or Book of Changes*. Princeton: Princeton University Press (terceira edição), 1967.

Leitura Recomendada

GRANDE LIVRO DE MAGIA DA BRUXA GRIMOIRE, O
Lady Sabrina

O *Grande Livro de Magia da Bruxa Grimoire* contém numerosos encantamentos simples e eficazes, além de muitos ritos mágicos, todos organizados por ordem alfabética. Este livro também inclui receitas para encantamentos que exigem óleos e incensos especiais e dá dicas sobre o momento mais propício para lançá-los.

WICCA Para Homens
A. J. Drew

Wicca para Homens explica o funcionamento dos feitiços Wicca dando especial atenção às preocupações que os homens enfrentam em suas vidas cotidianas. Aborda os princípios científicos dos feitiços e discorre sobre sua teoria e prática. Dá exemplos de fórmulas e numerosas receitas de incensos, óleos e outros trabalhos, com orientações sobre o efeito de cada um deles e dicas para melhorar seus resultados.

GUARDIÃO DA MEIA-NOITE, O
Rubens Saraceni

O Guardião da Meia-Noite é um livro de ensinamentos éticos, envolvendo os tabus da morte e dos erros vistos sob uma nova ótica. Nova porque somente agora está sendo quebrada a resistência da ciência oficial, mas que é, realmente, muito antiga, anterior aos dogmas que insistem em explicar tudo pela razão extraída nos laboratórios.

RITUAIS CELTAS A Roda Céltica da Vida — Os Poderes Sagrados da Natureza
Andy Baggott

Em *Rituais Celtas*, você vai conhecer um pouco mais sobre os povos celtas, seus costumes e filosofia de vida, e com eles descobrir o verdadeiro caminho que leva à felicidade, que não depende simplesmente do meio exterior, mas apenas do equilíbrio e do respeito com a Criação à sua volta e consigo mesmo.

WICCA Crenças e Práticas
Gary Cantrell

Em *Wicca — Crenças e Práticas*, o autor fala com base em suas experiências pessoais com seguidores Wicca de todas as idades e graus de habilidade física, trazendo ao leitor um verdadeiro exame das modernas crenças Wicca e um guia prático da Arte dos Sábios.

DOGMA E RITUAL DE ALTA MAGIA
Eliphas Levi

Nesta obra, você toma contato com a magia em sua grandeza de ciência. O esclarecimento do obscuro, da consciliação e da paz. Um livro para os iniciados e para quem está ingressando no ocultismo, no misticismo ou em qualquer sociedade secreta.

MADRAS® *Editora* — CADASTRO/MALA DIRETA

Envie este cadastro preenchido e passará receber informações dos nossos lançamentos, nas áreas que determinar.

Nome _____
Endereço Residencial _____
Bairro _____ Cidade _____
Estado _____ CEP _____ Fone _____
E-mail _____
Sexo ☐ Fem. ☐ Masc. Nascimento _____
Profissão _____ Escolaridade (Nível/curso) _____

Você compra livros:
☐ livrarias ☐ feiras ☐ telefone ☐ reembolso postal
☐ outros: _____

Quais os tipos de literatura que você LÊ:
☐ jurídicos ☐ pedagogia ☐ romances ☐ espíritas
☐ esotéricos ☐ psicologia ☐ saúde ☐ religiosos
☐ outros: _____

Qual sua opinião a respeito desta obra? _____
_____

Indique amigos que gostariam de receber a MALA DIRETA:
Nome _____
Endereço Residencial _____
Bairro _____ CEP _____ Cidade _____

Nome do LIVRO adquirido: CELEBRANDO OS SOLSTÍCIOS

MADRAS Editora Ltda.
Rua Paulo Gonçalves, 88 - Santana - 02403-020 - São Paulo - SP
Caixa Postal 12299 - 02013-970 - S.P.
Tel.: (0_ _11) 6959.1127 - Fax: (0_ _11) 6959.3090
www.madras.com.br

Para receber catálogos, lista de preços
e outras informações escreva para:

MADRAS®
Editora

Rua Paulo Gonçalves, 88 — Santana
02403-020 — São Paulo — SP
Tel.: (0_ _11) 6959.1127 — Fax: (0_ _11) 6959.3090
www.madras.com.br